大科學家

白春禮題

白春礼
中国科学院院士
中国科学院原院长

院士推荐

在当代社会，科学家对一个国家和民族的发展，具有其他领域的专家所不可替代的重要作用。为科学家画像，用中国水墨艺术展现世界科学家的风采，是一件好事，欣然推荐。

——白春礼院士

《大科学家——世界100位著名科学家画传》让我们看到榜样，看到差距，看到目标，也看到科学发展的脉络。值得每个人研读、思考。

——王贻芳院士

知识推动文明进步、社会发展。大科学家创造新知识，理应享受英雄般的最高礼遇。宣传科学精神、培植创新文化、营造尊敬科学家的价值观，对我们民族复兴的伟大事业至关重要。

——唐本忠院士

希望这本画传能够激励更多的年轻人对科学产生兴趣，通过兴趣促进学习，进而去追求知识、智慧和艺术的完美统一。

——汤涛院士

这本画传以简洁形象的方式让读者领略了人类理性的启蒙、科学发展的脉络、技术创新的源头，优先推荐青少年阅读。

——贺泓院士

北京师范大学全球化与文化发展战略研究院文库

全球化与人类文明互鉴画传系列　　主编　薛晓源

GREAT SCIENTISTS
THE WORLD'S TOP 100 SCIENTISTS IN PORTRAIT
世界100位著名科学家画传

薛晓源　绘　　杨富斌　著

大科学家

商务印书馆
创于1897　The Commercial Press

绘者简介

薛晓源，博士，北京师范大学人文和社会科学高等研究院拔尖人才，北京师范大学全球化与文化发展战略研究院院长、教授、博士生导师；国际儒学联合会中国委员会副主任、理事；商务印书馆学术委员会专家委员、艺术与博物学学术总顾问；中国美术家协会会员；中国国家画院《中国美术报》编委、《中国书画》杂志专家委员会委员、北京师范大学启功书院专家委员会委员。曾任中央编译局研究员、中央编译局《马克思主义与现实》杂志执行主编、中央编译出版社副社长兼副总编辑、中央编译局副巡视员，曾任北京大学、清华大学、南开大学兼职教授，中国人民大学艺术学院特聘教授，在中央级刊物发表文章50多篇，出版专著5部、艺术画册1部。主编出版学术艺术图书500多种，专著《飞动之美——中国文化对"动势美"理解与阐释》2014年入选国家"经典中国国际出版工程"，2020年在美国门廊出版社出版英文版。2018年10月在德国法兰克福书展举办"《哲人神彩——100位世界著名哲学家肖像》画册新书发布会和艺术展览"，全球有20多家媒体进行了报道。先后为中国国民党名誉主席连战、世界知识产权组织总干事弗兰西斯科·高锐先生创作肖像，受到中央党史研究室、外交部的表彰。

著者简介

杨富斌,北京理工大学珠海学院特聘教授、荣誉学院执行院长、生态文明拓展中心主任、马克思主义学院教授,北京第二外国语学院原法政学院院长、教授、研究生导师并兼任思政部主任。在中国人民大学哲学系获哲学博士学位,师从夏甄陶教授研究哲学认识论。在美国加州克莱蒙特研究生大学做高级访问学者,师从小约翰·柯布教授研究怀特海过程哲学。兼任中国历史唯物主义学会常务理事和人的发展研究会执行会长。

研究专长为马克思主义哲学、现代西方哲学、怀特海过程哲学等。代表性著作主要有:《怀特海过程哲学研究》(中国人民大学出版社出版,国家社科基金项目结项成果)、《信息化认识系统研究》(博士论文修订本,军事科学出版社出版)、《现代西方哲学方法论》(军事科学出版社出版)等。

主要译著有:怀特海《过程与实在:宇宙论研究》(中国人民大学出版社出版)、维克多·洛《怀特海传》(上下卷,商务印书馆出版)、爱丁顿《物理科学的哲学》(商务印书馆出版)、马克斯·韦伯《社会科学方法论》(华夏出版社出版)、史蒂文森等《社会科学哲学》(中国人民大学出版社出版)、胡塞尔《内在时间意识现象学》(华夏出版社出版)、拉兹洛《自我实现的宇宙》(浙江人民出版社出版)等十多部。

在《国外社会科学》《哲学动态》《求是学刊》《江苏社会科学》《北方论丛》《东北师大学报》《思想政治导刊》和《光明日报》等报刊上发表"过程哲学要义""过程哲学方法论""从过程视角看马克思主义的中国化"等学术论文多篇。

序 一

为科学巨擘镌刻传神

白春礼

(中国科学院院士、中国科学院原院长)

科学技术是第一生产力,这已成为我们这个时代的共识。在人类文明发展的历史长河中,科学的进步发挥着极其重要的作用。在我国当前的经济社会发展和民生改善方面,比过去任何时候都更加需要科学技术解决方案,都更加需要增强科技创新这个第一推动力。

近代以来,我国的仁人志士和社会精英一直把科技进步看作是中华民族复兴大业的希望所系。中华人民共和国成立以后,党和国家把科学研究作为国家发展进步的重大战略来抓,加快布局科技体系,各个领域和门类均取得了长足的进步。改革开放以后,科学技术作为第一生产力得到了高度重视,科学家的才华和活力得到空前释放。特别是党的十八大以来,我国科技事业取得了历史性成就,基础研究和原始创新不断加强,一些关键核心技术实现突破,科技实力正在从量的积累迈向质的飞跃、从点的突破迈向系统能力提升。

现代科学技术源于欧洲,在19世纪传入中国后,在相当长时间里,我们经历了学习阶段和跟踪阶段。而到现在,我国科技创新进入跟跑并跑领跑并存新阶段。中国大地上需要诞生更多能够引领科技发展方向的科学家,需要更多独创的、敢为人先的科学思想和科学理论,以及更多的"从0到1"的革命性突破,为民族复兴奠定更加坚实的基础,为推动构建人类命运共同体做出中国人的贡献。

面对我国科技事业的历史性转变，我们需要进一步深入反思科学技术的历史和发展规律，进一步深刻认识科学与哲学的关系。如果从个别的、具体的研究来看，哲学和科学也许是两种不太相同的智力活动，有着不同的目标、方法和思想成果。但从更大的历史尺度、从人类思维的根本特征来看，它们又是相互联系、相互启发的。一是从历史的维度来看，哲学是科学之源。现代科学的前身就是古希腊的自然哲学，之后相当长时间内，科学家都把自己的工作看成是自然哲学的一部分。二是从科学发展的动力来看，哲学往往是革命性科学思想的"助产士"。因为科学研究不只是观察现象、进行实验、做出计算，还需要一整套概念和思想的支撑。例如，以牛顿力学建立为代表的第一次科学革命，以相对论、量子论为标志的第二次科学革命，新的哲学思想都起了催化作用。三是从科学家创造性思维的塑造来看，哲学上的思辨往往能够起到思维"磨刀石"的作用。例如，当代认知科学的基本概念，包括符号计算的观念、思想语言的假定，同莱布尼茨、弗雷格、罗素、怀特海、图灵、福多等人在哲学上的思想是分不开的。而像牛顿、爱因斯坦、庞加莱、维纳等开一代风气的领袖科学家，都有良好的哲学思维素养。四是从人类的知识系统和探索真理的过程来看，科学和哲学是紧密联系在一起的。所以，爱因斯坦说："历史和哲学的背景知识能够给予我们一种独立性，以摆脱大多数科学家所陷入的一代人的偏见。在我看来，这种独立性正是区别匠人或专家与真正的真理追求者的标志。"

我们的科学家要紧扣科学前沿中的基本问题进行开拓和创新，而不能只是在已建立的概念体系和研究路径上跟踪国际上的工作。中国的科学家有自己的美德和优势，但也存在着原创性普遍不足的问题。造成这种局面有多种原因，除科学传统薄弱、教育和科研评价体制等方面的影响外，与我们在创造性思维上的缺乏也有一定的关系。

我们的科学发展进步不仅需要广大科技工作者在各自的领域奋发努力，赶超世界一流水平，而且需要提高全体国民的科学文化素质。唯有科学知识得以普及，科学精神深入人心，科学方法被自觉应用，我们的社会才算真正进入了科学时代。

科学的发展离不开科学家,没有科学家的创造性贡献,就不会有科学。虽然"科学家"这一概念直到18世纪才正式出现于文献之中,但自古就有伟大的科学家。例如,欧几里得(约前325～约前270)就是科学界公认的数学科学家或形式科学家。

在当代社会,科学家对一个国家和民族的发展,具有其他领域的专家所不可替代的重要作用。如果说科学是打开自然奥秘的一把钥匙,那么,科学家就是发现和掌握这把钥匙的人。科学的进步可以极大地改变人们的世界观,影响不逊于作为系统化和理论化世界观的哲学。

应王贻芳院士邀请,为薛晓源教授和杨富斌教授合作的《大科学家——世界100位著名科学家画传》作序。为科学家画像,用中国水墨艺术展现世界科学家的风采,是一件好事,欣然应允。

序 二

格物穷理，利用厚生，东圣西圣，心同理同

汤 涛

（中国科学院院士、北京师范大学—香港浸会大学联合国际学院［UIC］校长）

我很高兴为薛晓源教授和杨富斌教授合作的这本《大科学家——世界100位著名科学家画传》撰写序言。这是一本关于一百位古今中外著名科学家的肖像画册，并对其生平和成就配以文字介绍，展现了这些杰出人物对人类认识世界、改变世界所做出的重大贡献。对于喜爱科学的读者，这将是一份精美的珍贵礼物。对于还未深入了解科学的人们，这将是一次难得的启蒙之旅。

这本画传包含的一百幅肖像，都是经过画家精心描绘和表现的，不仅具有高度的艺术价值，更能反映出每位科学家的独特风格，使得他们在读者的视线中栩栩如生，焕发出新的光彩。这些肖像，有的显得庄重沉着、神态端庄；有的表现出活泼机智、慷慨豁达；有的透出内敛深邃、神秘高远。通过这些肖像和文字介绍，读者能够深入了解这些大科学家的人生经历、学术思想和科研成果，进而对他们所开创的科学领域有所认识和理解。

这本画传旨在以直观的绘画艺术形式向读者展示这些大科学家的独特风貌，让读者通过肖像了解他们的人生、事业和精神。它向我们展示了一个又一个故事，一段又一段科学传承。这些科学家不仅是天才，也是勇士。他们

通过不断探索，百折不挠，最终取得成功。而他们追求真理的热情和锲而不舍的精神，也将呼唤和激励未来的科学家们。

这些人物中有些我们已经熟知于心，有些则是我们第一次听说，但无论我们是否知道他们的名字，他们的工作和贡献都已经深深地影响了我们的生活和世界。这本画册的目的是向这些杰出的科学家致敬，同时也是向那些对科学有兴趣的人提供了一个鸟瞰历史的学习机会。

宋儒陆九渊说："东海有圣人出焉，此心同也，此理同也。西海有圣人出焉，此心同也，此理同也。南海、北海有圣人出焉，此心同也，此理同也。千百世之上有圣人出焉，此心同也，此理同也。千百世之下有圣人出焉，此心同也，此理同也。"本画册展示的科学家来自不同的国家和时代，除了欧美等西方国家，还有伊斯兰世界的海赛姆、伊本·西纳，以及中国的张衡、刘徽、祖冲之、孙思邈、沈括、李时珍、李四光和陈省身。这些不同时空背景的科学家们交相辉映，同心同理：以格物致知、追求真理为己任，以厚生利用、造福人类为目的。他们都有着共同的特点：对科学的热爱、对真理的追求，以及对人类文明发展的使命感。

最后我要特别感谢画家为我们带来了这样一本美丽而珍贵的画册，他的艺术造诣和辛勤努力使这本画册得以完成。这不仅仅是一本美术作品集，更是一本别具一格的科普读物。特别希望它能够激励更多的年轻人对科学产生兴趣，通过兴趣促进学习，进而去追求知识、智慧和艺术的完美统一。

目 录

序一　为科学巨擘镌刻传神　/ i

序二　格物穷理，利用厚生，
　　　东圣西圣，心同理同　/ v

泰勒斯　/ 1

毕达哥拉斯　/ 4

亚里士多德　/ 7

欧几里得　/ 10

阿基米德　/ 12

喜帕恰斯　/ 15

张衡　/ 17

托勒密　/ 20

盖伦　/ 22

刘徽　/ 24

祖冲之　/ 26

孙思邈　/ 28

海赛姆　/ 30

伊本·西纳　/ 32

沈括　/ 34

哥白尼　/ 37

安德烈·维萨留斯　/ 40

李时珍　/ 43

第谷　/ 45

伽利略　/ 48

开普勒　/ 50

哈维　/ 53

笛卡尔　/ 55

帕斯卡　/ 58

波义耳　/ 62

惠更斯　/ 64

列文虎克　/ 66

牛顿　/ 68

哈雷　/ 73

丹尼尔·伯努利　/ 76

富兰克林　/ 78

欧拉　/ 80

林奈　/ 82

卡文迪许　/ 84

库仑　/ 86

拉格朗日　/ 88

拉瓦锡　/ 90

拉普拉斯　/ 93

詹纳　/ 95

道尔顿　/ 97

傅里叶　/ 99

居维叶　/ 101

洪堡　/ 104

安培　/ 107

阿伏伽德罗　/ 109

高斯　/ 111

盖-吕萨克 / 114	摩尔根 / 177
戴维 / 116	居里夫人 / 179
欧姆 / 118	卢瑟福 / 181
柯西 / 120	爱因斯坦 / 183
法拉第 / 122	魏格纳 / 188
李比希 / 125	弗莱明 / 190
多普勒 / 127	诺特 / 192
施莱登 / 129	玻尔 / 194
达尔文 / 132	外尔 / 196
施旺 / 135	薛定谔 / 198
克洛德·贝尔纳 / 137	李四光 / 200
焦耳 / 139	哈勃 / 202
孟德尔 / 141	泡利 / 204
巴斯德 / 143	费米 / 206
华莱士 / 145	海森堡 / 208
黎曼 / 147	狄拉克 / 210
麦克斯韦 / 149	冯·诺伊曼 / 212
门捷列夫 / 152	伽莫夫 / 214
科赫 / 155	巴丁 / 216
玻尔兹曼 / 157	陈省身 / 218
伦琴 / 159	冯·布劳恩 / 220
巴甫洛夫 / 162	图灵 / 222
迈克尔逊 / 165	克里克 / 224
埃尔利希 / 168	普里高津 / 226
赫兹 / 170	费曼 / 228
普朗克 / 172	威尔逊 / 230
希尔伯特 / 175	盖尔曼 / 232

泰勒斯

泰勒斯（Thales，约前 624 ～前 547 或 546），古希腊古风时期的天文学家、几何学家和哲学家，希腊最早的前苏格拉底哲学学派之一米利都学派（亦称爱奥尼亚学派）的创始人，史称古希腊七贤之一。在西方思想史上，他是第一个有记载留下名字的思想家，被后人誉为"科学和哲学之祖"，也是西方科学和哲学的开创者。他的学生阿那克西曼德及后者的学生阿那克西米尼也是米利都人，因此人称他们形成了西方哲学史上第一个哲学学派——米利都学派。

泰勒斯出生于古希腊的港口城市米利都，所以也被世人称为"米利都的泰勒斯"。他曾游历巴比伦和埃及，从巴比伦人那里学习了先进的天文学理论，从埃及祭司那里学习了先进的几何学知识。据记载，泰勒斯写过关于春分、秋分、夏至、冬至的书，观察到太阳在冬至点和夏至点之间运行时速度并不均匀。他还发现了小熊座，指出其有助于航海。同时，他是第一个将一年的长度修订为 365 天的希腊人。他曾准确地预测到公元前 585 年 5 月 28 日发生的日全食，能估算船只到岸边的距离，解释尼罗河泛滥的原因，并能根据金字塔的阴影而计算出它的高度。他拒绝根据超自然因素来解释自然现象，这对科学研究影响深远，因而被历史学者尊称为"科学之父"。

在数学上，泰勒斯的划时代贡献是引入了命题证明的思想，提出以逻辑证明来保证命题的精确性，并揭示了各定理之间的内在联系，从而使古代数学开始发展成为严密的体系。数学上的泰勒斯定理就是以他的名字命名的。有文献记载，如下几何学定理被认为是泰勒斯提出的：(1) 圆周被直径等分；(2) 等腰三角形的两底角相等；(3) 两直线相交时，对顶角相等；(4) 两三角形两角及其所夹之边相等，则两三角形全等；(5) 内接半圆的三角形是直角三角形。这表明，泰勒斯为演绎几何学做出了开创性的贡献。

作为第一个自然哲学家，他借助于经验观察和理性思维来解释世界，明确地提出了"水是万物之本原"的世界本原说，同时也是第一个从哲学上提出和回答"什么是万物本原"这一问题的人。从普遍性命题出发，追求万物的共同本原，这是哲学思维的开端，也是科学地对待自然界的第一个原则。科学就是要从具体、复杂、多样的现象中找出共同的原理，再从原理出发解释、说明、预言更多的现象。

虽然泰勒斯没有留下任何哲学和科学著作，但他首创的理性主义精神、唯物主义传统和普遍性原则，却奠定了古希腊哲学和科学的理性主义传统。因此，西方哲学史通常把他视为西方"第一个哲学家"。而科学史家,也通常把他视为"第一个科学家"。自然科学的伟大传统之一,即是力求用自然界本身来说明自然,而不求助于非自然的或超自然的事物。泰勒斯提出"万物源于水"的观点虽然朴素粗糙,但其思考问题的方式是全新的,对后世哲学和科学的发展具有积极的导向性作用。

据记载,古希腊时期的另一著名学者阿那克西曼德是泰勒斯的学生,而提出毕达哥拉斯定理并坚持"万物皆数"的毕达哥拉斯,以及另一著名学者阿那克西米尼,则都是阿那克西曼德的学生。由此足见泰勒斯在古希腊时期的巨大影响和作用。

有关泰勒斯的趣闻逸事,最著名的是柏拉图的对话录《泰阿泰德篇》中的记载,说他在全神贯注地仰望星空时掉进了井里。当时一位名叫色雷斯的侍女嘲笑他说,你虽然全力研究天上的事物,却忽视了脚下的深井。另一则趣闻是,据亚里士多德《政治学》中所言,泰勒斯曾预测来年橄榄将会有大丰收,因而以少量成本在米利都和开俄斯岛租赁了榨油坊,结果第二年他大赚了一把。亚里士多德在评价这个故事时说:"只要哲学家们愿意,就很容易发财致富,但是他们的雄心却是属于另外的一种。"

泰勒斯

水生万物万物复归于水

大哲曰泰勒斯如是说
戊戌之年薛晓源敬写

毕达哥拉斯

毕达哥拉斯（Pythagoras，约前570～约前495），古希腊数学家、音乐理论家和哲学家，以在西方率先提出"毕达哥拉斯定理"并以"万物皆数"来解释世界而闻名于世界数学界和哲学界。

他出生于爱琴海中的萨摩斯岛（今希腊东部小岛）一个富商家庭，自幼聪明好学，曾跟随包括阿那克西曼德在内的名师学习几何学和自然哲学，并从闪族叙利亚学者那里接触了东方的宗教和文化，还多次跟随父亲到小亚细亚作商务旅行。因为向往东方的智慧，他曾游历万水千山，到过当时世界上两个文化水准极高的文明古国——巴比伦和埃及，吸收了美索不达米亚文明的丰富思想。在49岁那年，他返回家乡萨摩斯开办学校，并开始讲学。公元前520年左右，他移居西西里岛，后来定居在克罗托内。在这里，他广收门徒，传授他的数学和哲学思想，与他的信徒组成一个史称"毕达哥拉斯学派"的政治和宗教团体。

据传，他比同时代其他开坛授课的学者思想相对开明，容许贵族妇女来听课。热心的女性听众中就有他后来的妻子西雅娜。他认为，妇女和男人一样，都有求知的权利，因此在他的学派中有十多名女学者，这是当时其他学派中所不曾有的。

毕达哥拉斯成立的政治和宗教社团纪律严明，财产公有，所有成员不论男女一律地位平等，要遵守很多规范和戒律，带有浓厚的宗教色彩。他们相信，依靠数学可使灵魂升华，通过数学能窥探神的思想，万物都包含着数，而数乃是变化多端的世界背后的真相。该学派的教义鼓励人们自制、节欲、纯洁、服从。一开始，该社团在大希腊（今意大利南部）赢得很高声誉，后来因受到敌对派的嫉恨和民主运动的冲击，社团在克罗托内的活动场所遭到严重破坏。毕达哥拉斯也被迫移居他林敦（今意大利南部塔兰托）。

毕达哥拉斯的学术贡献主要有以下几个方面：

在数学上，他不仅明确提出了毕达哥拉斯定理，证明了"三角形内角之和等于两个直角"，研究了黄金分割法，发现了正五边形和相似多边形的作法，而且对数论多有研究。他认为数为宇宙提供了概念模型，数量和形状决定了一切自然物体的形式。因为有了数，才会有几何学的点、线、面和立体；因为有了立体，才会有火、气、水、土四种元素，从而构成了万物。因此他提出了"万物皆数"的学说，认为决定事物性质的不是物质组分本身，而是它们的数量关系。近代科学正是在追寻自然界的数学规律中取得长

足进步的。他还坚持,数学论证必须从"假设"出发,由此开创了演绎逻辑的思想,这对数学后来的发展影响甚大。同时,他把音乐纳入数学当中,把音程的和谐与宇宙星际的和谐秩序相对应,由此提出了"和谐"的概念,这一观念对后世哲学家有重要影响。

在天文学上,毕达哥拉斯也多有研究,曾纠正了当时人们把水星误认为是两个不同的行星——傍晚出现时叫作墨丘利,早晨出现时叫作阿波罗——的错误。

在宇宙论方面,他参照了米利都学派的思想,结合自己对数的理论研究,认为存在着许多有限的世界,坚持大地是圆形的,第一次提出大地是球形或球体的理论。在2500多年前认识到"地球"概念是了不起的成就。同时,他还进一步提出整个宇宙也是一个球体,它由一系列半径越来越小的同心球组成,行星被镶嵌在自己的天球上运动。这种地球—天球的两球宇宙论模式为希腊天文学奠定了基础。

罗素对毕达哥拉斯的成就评价甚高,认为他是自有生民以来在思想方面最重要的人物之一。从演绎推论意义上说,数学肇始于毕达哥拉斯。

亚里士多德

亚里士多德（Aristotle，前384～前322），古希腊著名哲学家和科学家，柏拉图的学生、亚历山大大帝的老师。其著作涉及物理学、形而上学、诗歌（包括戏剧）、音乐、生物学、经济学、动物学、逻辑学、政治、政府和伦理学等多个领域。他与他的老师柏拉图及其老师的老师苏格拉底，被誉为西方哲学的奠基者，而他则被誉为"百科全书式的学者"。

亚里士多德出生于古希腊哈尔基季基半岛，其父亲尼科马库斯是马其顿国王阿明塔斯三世的御医。他从小在贵族家庭环境里长大，有良好家教。18岁时，他被送到雅典的柏拉图学园学习，此后20年间他一直住在学园学习和做研究，直至其恩师柏拉图在公元前347年去世。

据悉，离开柏拉图学园后，他先是接受了学友赫米阿斯的邀请，访问了小亚细亚的阿索斯。公元前342年，他成为马其顿国王的儿子亚历山大的老师，对亚历山大大帝的思想形成起了重要作用。正是在他的影响下，亚历山大大帝始终对科学事业关怀备至，对知识十分尊重，甚至以帝王之便提供丰厚的人力和财力支持，使他得以完成诸多科学研究工作。

公元前336年，在亚历山大即位后，亚里士多德回到雅典郊区里栖阿姆建立书院并收徒讲学，直至公元前322年去世。因为他的讲课方式是一边讲课，一边漫步于走廊和花园，他的哲学也因此被称为"逍遥哲学"或者"漫步哲学"，其追随者也被称为逍遥学派弟子。这一时期，他撰写的著作主要与自然科学和哲学有关。在科学上，他研究了解剖学、天文学、经济学、胚胎学、地理学、地质学、气象学、物理学和动物学。在哲学上，他研究了美学、伦理学、政治、政府、形而上学、心理学及神学。此外，在教育、文学和诗歌方面，他也多有研究，著述颇丰。因此，他被恩格斯称为"古希腊百科全书式的人物"。

亚历山大死后，亚里士多德因被指控不敬神而逃亡至哈尔克里斯避难。而他本人则说，他之所以逃离，是因为"我不想让雅典人再犯下第二次毁灭哲学的罪孽"。一年后，即公元前322年，他便因病去世。

在哲学上，亚里士多德把哲学定义为"研究真实宇宙原因的科学"。而"自然哲学"则是对自然界的研究，包括运动、光、物理定律等，相当于现在的"自然科学"。直到19

世纪和 20 世纪，在西方学术界才把这两个概念明确区分开来。

在科学研究方面，他的贡献大多是思辨性的理论，缺乏实验和数学方法。所以 16 世纪后，科学家们在使用数学方法研究物理科学时，发现他的著作中有许多错误。伽利略曾指出，亚里士多德提出的重物体掉落速度快于轻物体的主张是错误的。亚里士多德认为"真空"是不能存在的，因为空间必须装满物质。牛顿后来指出亚里士多德的这一论断是错误的，因为"力不是保持物体运动的直接原因。力只能改变物体的运动状态"。

不过，学界公认，他率先系统地加以研究的逻辑学、形而上学和自然哲学等，不仅为后世的哲学研究，也为后世的科学研究奠定了基础。他对哲学和科学研究的贡献是划时代的和开创性的。我们今天称其为"科学研究方法之父"，似乎并不为过。难能可贵的是，他甚至在两千年前的《政治学》中就已预言了工业革命的来临："如果每台机器都能制造其各自的零件，服从人类的指令和计划……如果梭子会自己来回飞动，如果弦拨会自己弹奏竖琴，完全不需要人手来操控，工头将不再需要领导工人，奴隶主也不再需要指挥奴隶了。"

今天，亚里士多德的半身雕像几乎已成为高雅文化的象征之一。《亚里士多德全集》流传后世，成为人类的共同财富。他的一句名言是："我敬爱柏拉图，但我更爱真理。"今日人们常说的"吾爱吾师，吾尤爱真理"便是这一名言的转译。

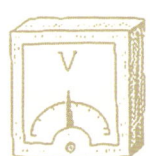

欧几里得

欧几里得（Euclid，约前325～约前270），古希腊著名数学家，欧氏几何学的开创者。

据学者们考证，欧几里得出生于雅典，那时雅典是古希腊文明的中心。他曾在当时有名的柏拉图学园学习。柏拉图学园位于雅典城郊外的林荫之中，门口挂着一块木牌，上面写着："不懂几何者，不得入内！"这表明几何学作为科学研究的基础在那时已成为传统。

在欧几里得之前，几何学已于公元前7世纪兴起，通过毕达哥拉斯学派等的研究和推动，人类已积累了很多几何学知识，但这些知识缺乏系统性，更没有人对公式和定理进行严格的逻辑论证和说明。欧几里得的主要贡献则是，通过潜心思索，几经易稿，在公元前300年最终完成《几何原本》。这部著作不仅第一次实现了几何学的系统化，孕育出一个全新的研究领域——欧几里得几何学，而且对某些定理给出了更简洁的证明。直到今天，他所创作的《几何原本》依然是世界各国学校里的必修课。他和阿波罗尼、阿基米德被并称为希腊三大数学家。

据普罗克罗的记载，欧几里得大约于公元前300年应托勒密一世的邀请来到亚历山大里亚的缪塞昂学院研究讲学。在听不懂他讲授的几何学时，托勒密一世问欧几里得："学习几何学有无捷径可走？"他笑着回答说："抱歉，陛下！学习数学和一切科学一样，是没有捷径可走的。学习数学，人人都得独立思考，这就像种庄稼一样，没有耕耘，就没有收获。在这一方面，国王和普通百姓是一样的。"从此，"在几何学里，没有专为国王铺设的捷径"成为千古传诵的箴言。

《几何原本》乃是一部不朽之作，它集前人思想和欧几里得的个人创造于一体，成为后世数学研究的典范。大体上说，它囊括了从公元前7世纪到公元前4世纪长达400多年数学发展史的成果。它不仅保存了许多古希腊早期的几何理论，而且通过欧几里得开创性的系统整理和完整阐述，在一系列公理、定义、公设的基础上，创立了欧几里得几何学体系，成为用公理化方法建立起来的数学演绎体系的最早典范。

欧洲数学的基础正是这一部《几何原本》，因为它总结了平面几何的五大公设，被世人公认是历史上最成功的数学教科书。特别是欧几里得使用的公理化方法，成为后来建立任何知识体系的典范。在随后两千多年间，该书被奉为必须遵守的严密思维的范本。

除《几何原本》外，欧几里得还撰写了不少其他著作，可惜大都失传。流传至今的只有《已知数》《圆形的分割》《反射光学》《现象》和《光学》这五部著作。

作为古希腊最负盛名、最有影响的数学家之一，欧几里得的著作不仅对几何学和整个数学的发展影响极大，而且对全部科学及人类思维方式都影响深远，至今无出其右。

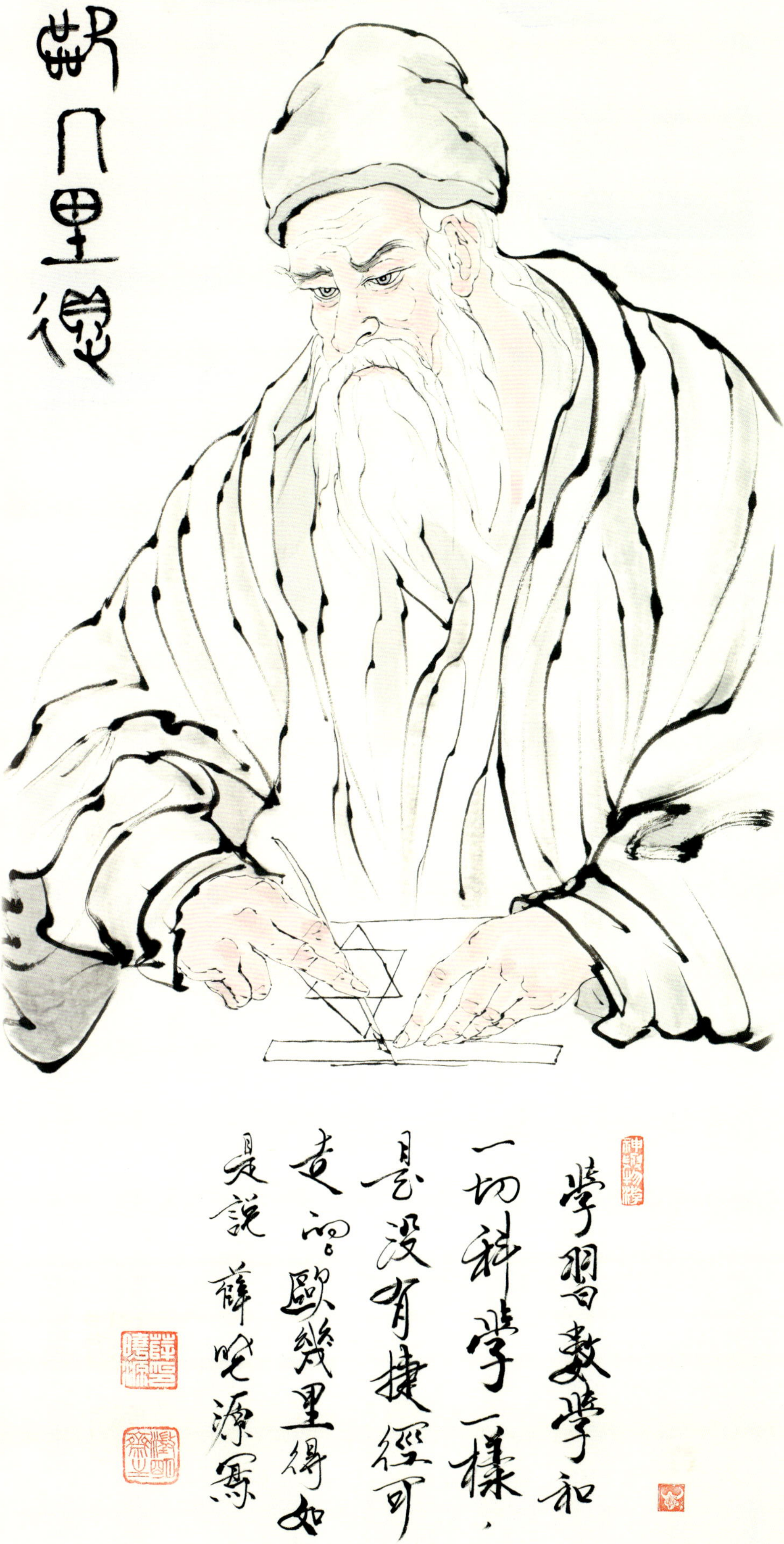
歐几里得
學習數學和一切科學一樣，是沒有捷徑可走的。歐幾里得如是說
薛曉源寫

阿基米德

阿基米德（Archimedes，约前287～约前212），希腊化时代著名的数学家、物理学家、发明家、哲学家和天文学家，被誉为古代科学巨匠。

他生于西西里岛的锡拉库萨（亦译"叙拉古"），其父亲莫迪亚斯是天文学家和数学家。因受家庭影响，他自小便喜欢数学。幼年时，他曾在古埃及亚历山大跟随名师学习数学、天文学、医学和文学，欧几里得就是他曾蒙亲炙的老师之一。也有文献说，他曾跟随欧几里得的弟子柯农学习几何学。

多年求学以后，他回到故乡锡拉库萨专门潜心从事研究，在数学、力学、机械方面，先后做出许多重要发现和成就，成为上古时代欧洲最有创建的数学家和科学家。阿基米德的主要学术成就表现如下。

在数学上，他利用"逼近法"即穷竭法算出了球表面积、球体积、抛物线围成的面积、椭圆面积。后世数学家依据这种方法，发展成为近代的微积分。他还研究了螺旋形曲线的性质，现被称作"阿基米德螺线"。在《数沙者》一书中，他创造了一套记录庞大数目的方法，简化了计数的方式。他提出的"无穷大"概念，是现代集合论的基础。他还证明了圆面积等于圆周率乘以半径的平方，指出圆周率的值约等于3.142857。美国数学史学家埃里克·坦普尔·贝尔在其《数学大师》一书中，将阿基米德与牛顿和高斯并列，称他们为人类有史以来最伟大的三位数学家。

在力学上，他发现了浮力定律（阿基米德原理）：物体在液体中所受浮力等于它所排开液体的重量。他还提出了杠杆原理：要使杠杆平衡，作用在杠杆上的两个力矩（力与力臂的乘积）大小必须相等：动力×动力臂＝阻力×阻力臂。阿基米德也因此被人们誉为"力学之父"。

在天文学上，他曾运用水力制作了一座天象仪，球面上有日、月、星辰和五大行星。据记载，这个天象仪不仅运行精确，还可以预测月食和日食的发生。晚年时，他开始怀疑地球中心说，并猜想地球有可能是绕太阳转动的。而这个观点直到1700多年后，才由哥白尼正式提出，并随后在科学上得到开普勒和伽利略的证明。

有关阿基米德有很多传说。据说，有一次，希伦二世国王请他鉴定一顶纯金王冠是否掺杂了白银。既不能毁坏王冠，也无其他办法进行鉴定，因而令他百思不得其解。有一天，他在进入浴盆洗澡时，看到浴盆水位上升而灵感来临，猛然醒悟到上升的水位

应该等于王冠的体积。所以，只要拿与王冠相等重量的金子放到水里，测出它的体积，看它的体积是否与王冠的体积相同，就能判断王冠是否掺假。此时，他情不自禁地从浴盆里跳了出来，赤身裸体跑到大街上，边跑边喊："尤里卡，尤里卡！"——希腊语的意思是"发现了！"。通过这一方法，他不仅证明了王冠中确实掺了假，顿悟到如何测量不规则物体的体积，而且还总结出浮力理论，为浮体力学建立了基本的定理。

阿基米德说过："给我一个支点，我就能撬动地球。"在保卫锡拉库萨战争中，他利用杠杆原理制造的投石机，使罗马军队遭受重创。连敌方将军马克卢斯也不得不承认"这是一场罗马舰队与阿基米德一人的战争"，并认为"阿基米德简直是神话中的百手巨人"。

不幸的是，据说因叛徒出卖，罗马军队最后得以攻入城中。当时阿基米德依然沉浸在自家居室里的沙堆上画图，仍在研究一个几何问题。当那些粗野无知的士兵踩坏他画在沙堆上的图形时，他还怒不可遏地吼道："别碰我的圆！"结果，他被这些士兵当场杀死。这位希腊科学精英就这样死在了野蛮尚武的罗马士兵剑下。

喜帕恰斯

喜帕恰斯（Hipparchus，约前190～约前120），又译希巴恰斯、希巴克斯、依巴谷、伊巴谷等，是古希腊天文学家、数学家。他编制出1022颗恒星的位置一览表，首次以"星等"来区分星星，提出了托勒密定理，发现了岁差现象。

喜帕恰斯出生于小亚细亚半岛西北的尼西亚，他曾长期在罗得岛工作，是方位天文学的创始人。

公元前134年喜帕恰斯观测到天蝎座有一颗新星，这鼓舞了他进行恒星目录，即第一份星表的制作。至公元前129年，他完成这一恒星目录。利用自制的观测工具，喜帕恰斯根据自己创立的三角学和球面三角学，计算出一年为365天5小时55分钟，月球朔望周期是29天12小时44分25秒。从此以后，月食的预测就能准确至一小时内。

喜帕恰斯的另一重要贡献是发现了托勒密定理，即他发现圆内接四边形两对对边乘积的和等于两条对角线的乘积。这一定理的表述是：圆的内接四边形中，两对角线所包矩形的面积等于一组对边所包矩形的面积与另一组对边所包矩形的面积之和。从这个定理可以推出正弦、余弦的和差公式及一系列的三角恒等式，托勒密定理实质上是关于四点圆性的基本性质。

喜帕恰斯是希腊伟大的天文学家，有可能在亚历山大接受过教育，他并没有在那里工作。他在爱琴海的罗得岛建立了自己的观象台，并发明了许多用肉眼观察天象的仪器，这些仪器后来沿用了一千七百多年。

喜帕恰斯最有抱负的科学成就是研究出一幅新的宇宙天象图。在此之前的天象图中，天空布满了天球，这一套体系对宗教仪式和星占学是十分实用的。喜帕恰斯所做的研究则是要创造出一套数学体系，以之能计算行星在未来任何时候的位置。虽然从后来的哥白尼天文学体系来看，喜帕恰斯的天象图是不准确的，但是他计算行星位置的方法则影响了后人的科学研究。

张 衡

张衡（78～139），字平子，南阳郡西鄂县（今河南省南阳市石桥镇）人，天文学家、地理学家、数学家、发明家及文学家。

张衡出身于南阳大族家庭，祖父张堪曾任蜀郡太守。公元 100 年，22 岁的张衡出任南阳郡太守鲍德的主簿。公元 115 年，37 岁的张衡开始出任太史令（相当于现在中国科学院国家天文台台长），此间，他制作了后世有名的浑天仪和地动仪。公元 138 年，他升任尚书，但不幸在次年因病逝世，享年 61 岁。其传世著作有 11 卷，包括《灵宪》《浑天仪》和数学著作《算罔论》等。

张衡在科学上的主要贡献有以下几个方面：

在天文学上，他主张浑天说，在改进前人设计的基础上，制造了浑天仪。在东方，他最早正确地说明了月蚀（即月食）的原因。他还绘制了星图，记录星官 124 个，星星 2500 颗，其中 320 颗有名字。

在宇宙学上，他著有《灵宪》一书，描述宇宙生成论，认为宇宙的形成有三个阶段。第一阶段是"溟滓"，是气的原始状态；第二阶段是"庞鸿"，是元气开始发动，连接在一起，混沌不分的状态；第三阶段是"太元"，元气分化，天地形成，阴阳四时变化而生万物。其观点接近于西汉时期的《淮南子·天文训》。

在数学上，公元 130 年前后，张衡完成了推算圆周率的工作。根据三国时刘徽的《九章算术注》，张衡认为立方体及其内接球体积之比是 8∶5，由此推论圆周率是 10 的平方根 3.1623。虽然其推算的结果不甚精确，因而受到刘徽的批评，但张衡的计算并非依据实测，而是从理论出发，从立圆术公式推求圆周率，仍有开创性的贡献。

在地理学上，公元 132 年，张衡发明和制造了世界上第一部验震器"候风地动仪"。据范晔《后汉书》记载，该地动仪在洛阳，曾经监测到了公元 134 年 12 月 13 日发生在陇西的地震。公元 116 年，张衡绘制和呈现了地图——"地形图"，并流传到唐代。据李约瑟推测，张衡曾运用了中国古代计里画方的网格绘图方法。这种方法绘制相对小的有限地理位置比较准确。不少学者称张衡为伟大的科学家，可与西方同时代的托勒密相媲美，可被誉为"东方托勒密"。

此外，张衡还发明了指南车、"自飞木雕"和机械日历，并改良了漏刻的构造。这些发明对后世科技的发展均有一定的影响。

張衡歌曰：皇皇者鳳，通玄知時，華於山趾，與帝遊期。吉事有祥，惟漢之祺。

托勒密

克劳狄乌斯·托勒密（Claudius Ptolemy，约100～约170），古罗马天文学家、数学家、地理学家和占星家。

托勒密出生于埃及底比斯的托勒密城（相传），死于埃及亚历山大。他的名字与亚历山大曾经的统治者一样，但与他们并无血缘关系。人们猜测"托勒密"这个名字可能得自他的出生地。

托勒密一生著作等身，其中《天文学大成》《地理学指南》和《占星四书》三部对拜占庭、伊斯兰世界及欧洲科学发展影响颇大。《地理学指南》是一部探讨古代希腊和罗马地区地理知识的典籍，《占星四书》改进了占星术中绘制星图的方法。托勒密最重要的著作则是《天文学大成》，这是他系统总结希腊天文学的优秀成果，是其精心撰写的一部流传千古的著作。

《天文学大成》的天文观测记录起于公元127年3月26日，止于公元141年2月2日。这个时期，大体上相当于罗马帝国皇帝哈德良和安东尼统治时期。这部著作集古希腊天文学之大成，洋洋洒洒有十三卷之多，给人类留下了宝贵的精神遗产。这部著作被阿拉伯人推为"伟大之至"，结果书名就成了《至大论》。

《至大论》共13卷。第1卷和第2卷给出了地心体系的基本构造，并用一系列观测事实论证了这个模型。按照这个模型，地球是球形的，处在宇宙的中心；诸天体镶嵌在各自的天球上，绕地球转动；按照与地球的距离从小到大排列，天球依次是月亮天、水星天、金星天、太阳天、火星天、木星天、土星天和恒星天。第3卷讨论太阳的运动以及与之相关的周年长度的计算。第4卷讨论月球的运动。第5卷计算月地距离和日地距离。第6卷讨论日食和月食的计算方法。第7卷和第8卷讨论恒星和岁差现象。从第9卷到第13卷，分别讨论了5大行星的运动，本轮和均轮的组合主要在这里得到运用。

托勒密的体系由于具有极强的扩展能力，能够较好地容纳望远镜发明之前不断出现的新天文观测，所以一直是最好的天文学体系，统治了西方天文学界1000多年。"托勒密地心体系"使用均轮和本轮解释天体运动的方法，哥白尼在其日心说中也曾采用。

盖 伦

克劳狄乌斯·盖伦（Claudius Galenus，129～约216），古罗马时期的医学家和哲学家，被世人誉为仅次于希波克拉底的古代医学权威。其一生撰写过130多部著作，其医学理论在欧洲起支配性作用长达一千年之久。

盖伦出生于爱琴海边一座叫作帕加马的古城，现今属于土耳其的贝尔加马，其父亲是一名富有的建筑师。他从小接受了全面的教育，先后学习过农业、建筑学、天文学、占星术和哲学等，从17岁时起，他集中精力研习医学。在父亲去世后，他前往亚历山大城等地学习了十二年，于157年前后返回故乡帕加马，在当地一个角斗士学校当了三四年校医。正是在此期间，他获得了治疗创伤和外伤的大量临床经验，把伤口看作是"进入身体的窗口"。

从162年开始，盖伦居住在罗马，一边写作，一边教书，同时开始展示他的解剖知识，并为众人治病。因其医术高超，许多社会名流和显赫人士纷至沓来，找他治疗，最终他成为包括罗马皇帝马可·奥勒留和康茂德在内的罗马权贵的宫廷医生。

也许是受到古希腊医生希波克拉底医学观点的影响，盖伦接受了体液学说，即认为人体是由血液、黏液、黄胆汁和黑胆汁等四种液体组成的。他的医学实务和解剖学据此理论而进行。因当时法律禁止活人或尸体解剖，他便以解剖猴子和猪作为解剖学的基础。他鼓励自己的学生去看死去的角斗士，或去观察人的尸体清洗，以便使他们更加熟悉人体结构。盖伦从事解剖的典型事例是解剖活猪，以此来判定哪些神经在起何种作用，并由此证明了动脉的作用等。他还首次研究了神经的作用以及大脑和心脏的作用，认为大脑的作用是思考，大脑是思维的器官，而不是像亚里士多德所认为的，心脏是思维的器官。

在其《最好的医生也是哲学家》一书中，他博采众长，把医学与哲学思想融为一体，提出了医学是跨学科领域的主张，把理论、观察和实验等有机地相整合。在医学方法论上，他兼收并蓄众家之长，既吸收经验学派强调实际练习和实验的重要性，也采纳理性学派注重理论创新的做法，注重观察方法，关注研究疾病的自然产生过程。后来的波斯学者，如伊本·西纳等人，便从他的著作中借鉴和吸收了诸多观点。

盖伦最主要的医学著作是长达17卷本的《人体各部位的作用》。在古代医学史上，他可能是著作最多的医学研究者。他的医学理论在欧洲起支配性作用竟然长达一千年之久。当然，这也可能是因为一直没有更好的医学理论能取代它。

盖 · 茶益伦

一個人想要通過行
醫而建立功名務必
要循規蹈矩，接
受家通過潛心研
究而創立卻套
准則。志羅馬醫
學家蓋倫如是說
薛曉源敬寫

刘 徽

刘徽（约225～约295），我国魏晋时期伟大的数学家，古典数学理论的奠基人之一。他的杰作《九章算术注》和《海岛算经》，是中国最宝贵的数学遗产。

刘徽的生平不详。据学者推测，他是山东邹平县（今邹平市）人，大约生活在三国时代的魏国。《隋书·律历志》中论历代量制，引商功章注，说"魏陈留王景元四年（263年）刘徽注《九章》"。《九章算术》乃是我国流传至今最古老的数学专著之一，成书于西汉时期。作为中国最重要的经典数学著作，它奠定了中国古代数学的基础。现传本《九章算术》共收集了246个应用问题和各种问题的解法，分别隶属于方田、粟米、衰分、少广、商功、均输、盈不足、方程、勾股九章。

从数学史上看，刘徽的《九章算术注》不仅在整理古代数学体系和完善古算理论方面成就卓著，而且还提出了很多新创见。

从整理中国古代数学体系方面看，刘徽的贡献主要表现在：(1) 在数系理论方面，他用数的同类与异类阐述了通分、约分、四则运算，以及繁分数化简等运算法则；在开方术的注释中，他从开方不尽的意义出发，论述了无理方根的存在，并引进了新数，创造了用十进分数无限逼近无理根的方法。(2) 在筹式演算理论方面，他先给"率"以比较明确的定义，又以遍乘、通约、齐同等三种基本运算为基础，建立了数与式运算的统一理论基础，还用"率"来定义中国古代数学中的"方程"，即现代数学中线性方程组的增广矩阵。(3) 在勾股理论方面，他逐一论证了勾股定理与解勾股形的计算原理，建立了相似勾股形理论，发展了勾股测量术，通过对"勾中容横"与"股中容直"之类典型图形的论析，形成了中国特色的相似理论。(4) 在面积与体积理论方面，他用出入相补、以盈补虚的原理及"割圆术"的极限方法提出了刘徽原理，并解决了多种几何图形的面积、体积计算问题。

从创新方面看，刘徽的贡献主要表现在：(1) 用割圆术证明了圆面积的精确公式，并给出了计算圆周率的科学方法。他计算出的圆周率为3.1416，被称为"徽率"。(2) 在用无限分割法解决锥体体积时，提出了多面体体积计算的刘徽原理。(3) 引入了"牟合方盖"说，"牟合方盖"即当一正立方体用圆柱从纵横两侧面作内切圆柱体时，两圆柱体的公共部分。(4) 提出了解线性方程组的新方法，运用了比率算法的思想。(5) 提出了"重差术"，即采用重表、连索和累矩等测高测远的方法。他还运用"类推衍化"的方法，使重差术由两次测望发展为"三望""四望"，而印度直到7世纪，欧洲到15～16世纪，才开始研究两次测望问题。

祖冲之

祖冲之(429~500),字文远,我国南北朝时期杰出的数学家、天文学家,以首次把圆周率精算到小数第七位而闻名海内外。

他出生于东晋国都建康(今江苏省南京市),其祖父祖昌任刘宋朝大匠卿,是朝廷管理土木工程的官吏。其父亲祖朔之做"奉朝请",学识渊博,常被邀请参加皇室的典礼和宴会。因此,祖冲之从小受到良好的家教,并在此过程中对天文学产生了浓厚兴趣。此后他"专功数术,搜练古今",同时又绝不"虚推古人",每每"亲量圭尺,躬察仪漏,目尽毫厘,心穷筹策"。因他博学多才,被南朝宋孝武帝派至当时朝廷学术研究机构——华林学省做研究工作,后又到总明观(相当于现在的中国科学院)任职。

祖冲之一生潜心科学研究,在数学、历法、天文学、机械学等诸多领域都有杰出贡献。他在数学上的创举,是计算出圆周率的值在3.1415926和3.1415927之间,精确到小数第7位,由此他入选世界纪录协会世界第一位将圆周率计算到小数第7位的科学家。直到16世纪,此纪录才被阿拉伯数学家阿尔·卡西打破。他还给出圆周率的两个分数形式。他对圆周率的精确推算值,对中国和世界数学和科学的发展乃是一大贡献,后人用他的名字命名为"祖冲之圆周率",简称"祖率"。此外,他的数学杰作《缀术》五卷,被收入著名的《算经十书》中。

在历法方面,他改革了闰法,在吸收赵㑩的理论基础上,提出了391年144个闰月的新闰法。其闰周精密程度极高,他推算的回归年长度,与今天的推算仅相差46秒。一直到南宋的《统天历》,才采用了比这更精确的数据。他首次提出了"交点月"的计算,其推算值与现今相差不到1秒。他编撰的《大明历》,区分了回归年和恒星年,最早将岁差引进历法,提出了用圭表测量正午太阳影长,以定冬至时刻的方法。

在天文学方面,他对木、水、火、金、土等五大行星在天空运行的轨道和运行一周所需的时间,进行了观测和推算,给出了更精确的五星会合周期。

在机械制造方面,他设计制造过水碓磨、铜制机件传动的指南车、千里船、定时器等。

祖冲之在反驳对《大明历》的非议时说了两句名言:"愿闻显据,以核理实"和"浮辞虚贬,窃非所惧"。这对当今从事科研的人们极具震撼力。他认为日月五星的运行"非出神怪,有形可检,有数可推",也是科学家的真知灼见,至今读来仍然令人肃然起敬。

祖冲之

祖冲之先生云：愿闻显据，以核理实，浮辞虚贬，窃无所惧。

敬揖蒋兆和作品之风神 薛晓源

孙思邈

孙思邈（541？～682），京兆华原（今陕西省铜川市耀州区）人，唐代医药学家、道士，被后人尊称为"药王"。

孙思邈出生于一个农民家庭。他自谓"幼遭风冷，屡造医门，汤药之资，罄尽家产"。这种身体状况促使他长大后立志从医，走悬壶济世之路。

从少年时起，他便勤奋好学。据有关记载，7岁时他就能认识一千多字，能背诵上千字的文章，在远近颇有名气。据《旧唐书》记载，西魏大臣独孤信对孙思邈十分器重，称其为"圣童"。从18岁起，他开始学医问药，研读古典中医药书和道家经典。到20岁时，他便精通道家典籍和医术，开始为乡邻治病，踏上了行医之道。

孙思邈十分重视民间长期行之有效的医疗经验，不断积累走访，并及时记录和整理。同时，在认真研读《黄帝内经》《伤寒杂病论》《神农本草经》等古代医书，并通过热心为人治病，积累大量临床经验基础上，积多年心血，终于完成了他流芳百世的医药巨著《千金要方》和《千金翼方》。

孙思邈一生勤于著书和治病救人，不仅精于内科，而且擅长妇科、儿科、五官科。在中医学上，他首次主张治疗妇女和儿童疾病要单独设科，并在其著作中首先论述妇、儿医学，声明此乃是"崇本之义"。他的医学巨著《千金要方》，是中国历史上第一部临床医学百科全书。

同时，他非常重视疾病预防，提倡预防为先的观点，坚持辨证施治的方法，认为人若善摄生，当可免于病。他大力提倡个人卫生，重视运动保健，提出了食疗、药疗、养生、养性、保健相结合的防病治病主张，极具现代医学和养生观念。

他还重视研究常见病和多发病，对针灸术也颇多研究，以针灸术为药物的辅助疗法。他认为"良医之道，必先诊脉处方，次即针灸，内外相扶，病必当愈"。这种对疾病进行综合治疗的思想和实践，对后世中医学发展有重大影响。

海赛姆

伊本·海赛姆（Ibn al-Haytham，约 965～约 1040），阿拉伯著名光学家、天文学家、数学家、物理学家和哲学家。

公元 965 年，海赛姆出生于巴士拉（今伊拉克巴士拉）。他曾在法蒂玛王朝宫廷中任职，因对国王哈基木的专制和暴行不满，便佯装疯癫，辞官而去。直到哈基木逝世后，他才专心致志于科学和哲学方面的研究。他一生撰写的著作有 100 多种，内容涉及天文学、数学、光学、哲学和医学等。而其主要科学贡献，则是在光学方面，尤以《光学》一书最为杰出。这部书对西方光学，特别是开普勒和牛顿的光学研究，产生过重要影响，海赛姆也因此被誉为"光学之父"。

海赛姆质疑当时关于光学的权威观点，即认为人的眼睛之所以能看到东西，是因为人眼发出的光照射到物体上，再反射回来造成的。他首先提出，视觉是由物体发生的光辐射引起的，光线进入人的眼睛网膜，才产生了形象。他第一次提出眼睛晶状体看到的物体形象大于实际形象，从而推论出光线的反射和折射定律。

此外，海赛姆在传承和发展古希腊时期的一些科学成果上也发挥了重要作用。对欧几里得、阿波罗尼、托勒密等人的成果进行了进一步完善和发展。

在哲学上，海赛姆继承了亚里士多德的唯物主义学说，认为哲学是一切科学的基础，哲学的目的是探索真理，为人类服务；感性事物是认识的基础，人们通过思维和判断得到理性知识，感性认识和理性认识是密不可分的。借助于科学，人们就能获得真正的理性知识。他对宗教持怀疑态度，死后被控为叛教之徒。因此，他的著作被宗教界认定为异端邪说，遭到焚毁。

海宝姆

人類對光的認知每加深一分文明就前進一大步海寶姆如是說

壬寅年薛旭源寫

伊本·西纳

伊本·西纳（Ibn Sīnā，980～1037），欧洲人尊称其为"阿维森纳"，他以伊斯兰世界最伟大的学者而著称于世，是中世纪时期著名的医学家、哲学家、自然科学家和文学家。

伊本·西纳出生于今天的乌兹别克斯坦布哈拉城附近，属于塔吉克人。从10岁左右，他就开始学习文学、宗教、科学、医学和哲学等知识。在17岁那年，他成为努赫二世的宫廷医生。经刻苦钻研，他编著了一本著名的医书——《医典》。这一著作是17世纪前亚洲、欧洲广大地区的主要医学教科书和参考书。所以，这里的人们称他为"世界医学之父"。这部著作被译成几十种文字出版。15世纪，这部著作的拉丁语译本被重印16次，16世纪又被重印20次。直到17世纪末，该书一直是欧洲各大学的医学教科书。

伊本·西纳是第一个发现人体中有寄生虫的医生。在关于胃溃疡、癌症、糖尿病、母体的血液流向胎儿等方面，他都撰有多篇论文。与此同时，他还在药剂、草药、解剖、营养等方面，著述颇丰。

除医学理论外，伊本·西纳还热衷于研究希腊著作，粗通数学，在天文学、物理学、哲学、逻辑和音乐等方面，也颇有心得，著述颇丰。他的著作被译成拉丁语后，对近代欧洲文艺复兴运动产生过重大影响。西方有些学者高度称赞他，认为他是伊斯兰世界中的亚里士多德和希波克拉底，推崇他是世界级的学者和东方伟大哲人。

伊本·西纳还热衷于参与政治和社会活动，曾两次担任部长级职务，也说他曾一度担任过宰相职务。不过，因为政治远比科学要复杂得多，他在政治生涯上并不顺利，曾进过监狱，并受到过死亡威胁。为逃避政治迫害，他曾不断地从一个国家逃往另一个国家。他白天从事政治活动，晚上从事科学研究，结果积劳成疾，于1037年逝世，年仅57岁，这同他的神医称号似乎很不相配。

在朋友们劝伊本·西纳注意劳逸结合时，他曾坚定地回答说："我宁愿过宽广而短促的一生，而不愿过狭隘而漫长的一生。"

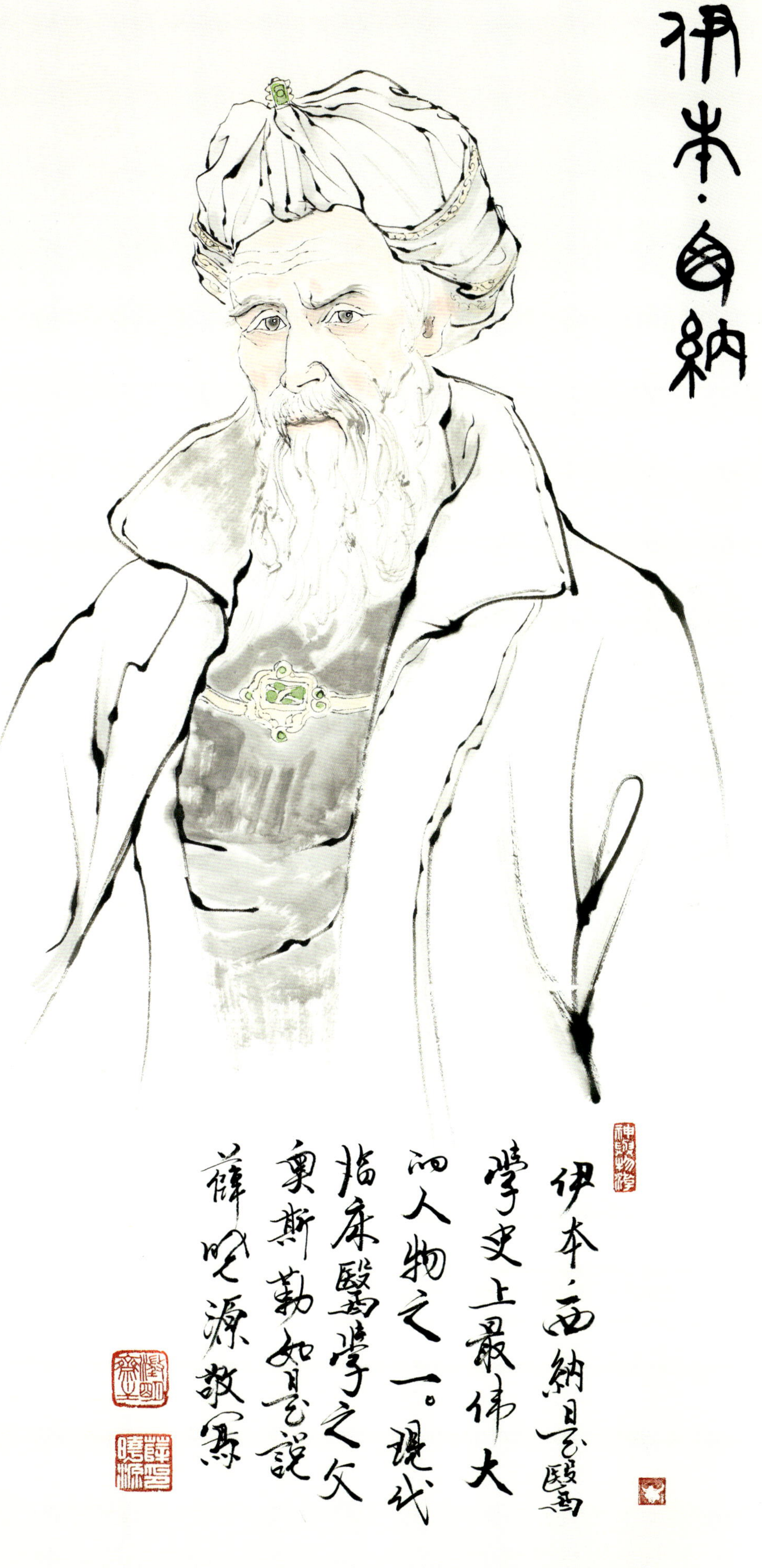
伊本·西纳
伊本·西纳是医学史上最伟大的人物之一。现代临床医学之父奥斯勒如是说
薛晓源敬写

沈 括

沈括（1032～1096），北宋官员、科学家，在天文、方志、律历、音乐、医药、卜算等方面无所不通，是中国古代科技史的代表性人物，被李约瑟誉为"中国整部科学史中最卓越的人物"。

沈括出身于吴越官僚家庭。其父沈周（字望之）为进士，曾在苏州等地为官。童年时，他随父亲任官在各地奔波，结识许多朋友。因用眼过度，他不幸患上眼病。不过他久病成医，边读书边学医。在父亲病逝守丧期间，他记录了毕昇的活字印刷术和喻皓的《木经》，并在毕昇去世后，亲自改进了活字印刷术，使"沈氏活版"和"沈存中法"开始在杭州流行起来。

至和元年（1054年），沈括出任海州沭阳主簿。次年，他以主簿身份代做邻近的东海县知县。嘉祐六年（1061年），他考中进士。治平二年（1065年），他入京为官，出任编校昭文馆初级官员。三年后，又转任馆阁校勘，由此能接触到许多皇家私藏天文、历法书籍，并得以参与浑天仪的制作。通过对比天文观察结果，他通过计算发现了当时历法的一些错误。熙宁四年（1071年），沈括升任检正中书刑房公事，由此成为宰相属官，获得宋神宗的认可。次年九月，他被委以重任，受命疏浚汴河。结果，他不负众望，利用自己在数学、测量学、水利学领域的广博知识和技能，圆满地完成任务，使汴河沿岸淤田逐年增加。此后，他连升三级，一举成为皇帝的近臣。熙宁八年（1075年）十月，他开始掌管三司，总理国家财政。在任期间，他以改革盐钞、讨论钱币、讨论役法为三大要政。但世事难料，后来因免役法一事，他被变法派的蔡确弹劾免职。熙宁十年（1077年），宋神宗下诏罢免沈括，贬谪他至宣州（今安徽宣城）担任知州。元丰三年（1080年），他被调至北宋同西夏的战争前线，出任延州知州兼安抚使，总领一路兵马。事后，沈括凭借军功升至龙图阁直学士。后来，又因战事失利，他被贬至随州，实则软禁在随州法云寺，直到元祐四年（1089年）方获自由。此后，他远离官场，潜心著述，根据多年出现在梦中的场景和实战经验，写成传之后世的《梦溪笔谈》、农学著作《梦溪忘怀录》、医学著作《良方》等。

沈括一生博学多才，无所不通。在计量、算术、几何领域，他不仅见解独特，且能应用于各种技术领域。在生物医学方面，他详细描述了中医诊断、开方以及中草药选材、预制、管理等方面的重点和难点。在科技发明方面，他记录了活字印刷术和指南针，以

及北宋时期的许多发明成就。在地球科学方面,他论证了地球的海陆变迁和水的侵蚀作用,他自己还是北宋时期的制图专家。在农学方面,他在规划、实施农业水利、总结农业技术和农业生物学与耕作技术上有重大贡献。在天文学上,他改进和简化了浑天仪等,并和卫朴一起制定了奉元历,以阳历取代了阴历。在历史学和考古学上,他推崇司马迁,以亲身经历纠正《宋史》的不足。在艺术、音乐和书画鉴赏方面,他也造诣颇深。其政治思想接近王安石,对《孟子》的"民贵君轻"思想做过深入阐述。

遗憾的是,沈括的大部分著作可能在蔡京主政期间被销毁,迄今只有6部著作保留下来。《梦溪笔谈》中包含507篇散文,内容涵盖的学科极广,真实记录了他在梦溪园"萧然移日,所与谈者,唯笔砚而已"的生活。他不仅是博学的文学家,还是伟大的科学家。研究中国科学技术史,必然离不开沈括及其《梦溪笔谈》。

哥白尼

尼古拉·哥白尼（Nicolaus Copernicus，1473～1543），文艺复兴时期的波兰数学家、天文学家，以首次提出日心说理论模型而闻名于科学史。

1473年，哥白尼生于波兰王国皇家普鲁士省维斯瓦河畔小城托伦，父亲是位商人，家境宽裕。但不幸的是，在他十多岁时，其父亲过世，他便由舅父领养。

1491年，哥白尼进入克拉科夫市雅盖隆大学艺术系学习，不过他对天文学却情有独钟。他系统学习了数学、几何学、几何光学、宇宙结构学、天文学理论和计算理论等，还学习了亚里士多德的自然哲学和形而上学等理论。1496年，他前往意大利博洛尼亚大学和帕多瓦大学求学，在这里他学习了数学、天文学、法律和医学等。直到1503年，他获得了法学博士学位。此后，他在弗伦堡担任了三年左右的神职，1506年回到其舅父身边，担任他的私人医生和秘书。1512年他舅父去世，之后，他便把主要精力放在了教士职责和医学研究上，同时在工作之余仍潜心研究天文学。在其后来永久定居的弗伦堡，他建立了一座小天文台，后来人们称之为"哥白尼塔"。不过，据说他很少进行天文观测，而主要是利用他人的观测结果进行哲学思考与数学计算，并在1514年前某个时间，逐渐形成其自己的日心说天文学体系纲要，这体现在一篇四页长的论文《短论》中。此后，他继续通过观测和计算，不断完善自己的日心说体系。1533年，他在罗马举办了一些讲座。有一位主教在听完他的讲座后写信给他，希望他尽早正式出版他的著作。他的朋友们也催促他尽早出版自己创立的天文学理论。然而，可能出于害怕遭教会批评或迫害，他一直未敢这么做。直到在他生命垂危的最后几年，他才终于同意出版他早已完成的《天体运行论》。据说，当他躺在病床上，看到自己的新书时已奄奄一息，用手抚摸着新书与世长辞了。

在人类科学发展史上，哥白尼的日心说具有重大意义。通常认为，它是现代科学的开端，科学史上通常称之为"哥白尼革命"。因为这一学说改变了人类对宇宙的认知，动摇了欧洲中世纪宗教神学的理论基础。尽管他的学说只是把宇宙的中心从地球移到了太阳，并未放弃宇宙中心论和宇宙有限论，但这却是人类迈向认识无限宇宙的重要一步，其所引发的思想解放意义，给予多高的评价也不为过。

《天体运行论》出版后立刻引起极大争议。最耸人听闻的事件，莫过于意大利人布鲁诺因宣传日心说而被处死。他依据哥白尼体系否定了天球说，出版了《无限宇宙论》，指出太阳只是众多行星之一,地球也是行星之一,人类在宇宙中不是唯一的,这些观点与当时教会对《圣经》的权威解读发生了严重冲突。因此,1600年他被罗马教皇判处火刑,并在罗马广场被残忍地当众烧死。直到20世纪90年代,罗马教皇才正式给布鲁诺平反昭雪,承认当年错判了布鲁诺死刑。尽管这是迟来的正义,却具有重大的象征意义,表明科学最终战胜了宗教裁判的愚昧。

除在天文学上的贡献外,哥白尼还极有语言天赋。他精通拉丁语、德语和波兰语,还会说希腊语和意大利语,其大部分存世著作是用拉丁语撰写的。他还是一名医生,了解古典文学,做过执政官和外交官。他还是一位经济学家,他提出的货币量化理论,成为当今经济学的重要基础之一。所谓劣币驱逐良币的理论,最早也是由他加以论述的。

今天,当人们评价哪一项科学发现是一种革命性变革时,通常称之为"哥白尼式的革命",这足见哥白尼的"日心说"在科学革命中所占据的重要地位。

哥白尼

哥白尼云：青春應該是：一頭醒智的獅，一團智慧的火，醒智的獅為理性的美而吼，智慧的火為理想的美而燃。

薛曉源寫

安德烈·维萨留斯

安德烈·维萨留斯（Andreas Vesalius，亦译安德雷亚斯·维萨里，1514～1564），文艺复兴时期著名的解剖学家、医生，最早对解剖学命名加以标准化的人。他编写的《人体的构造》是人体解剖学的权威著作之一，被认为是现代人体解剖学的创始人、"解剖学之父"。还有人把他作为与哥白尼齐名的近代科学开创者。

维萨留斯出生于布鲁塞尔一个医生家庭，其祖父和父亲都是名医。其父亲鼓励他延续家族传统，因此他进入巴黎大学攻读医学。在这里，他在雅克·迪布瓦和让·费内尔指导下，学习盖伦的医学理论，尤其对解剖学产生了浓厚兴趣，并经常在巴黎的圣婴公墓研究骨骼。

1536年，因法兰西王国与神圣罗马帝国关系紧张，维萨留斯离开巴黎返回鲁汶。后来，他进入帕多瓦大学继续学习，在这里完成了医学学业，于1537年取得医学士学位。此后，他留校任教，讲授外科学和解剖学，同时还经常受邀到博洛尼亚大学和比萨大学做演讲。与众不同的是，他经常使用解剖工具，亲自演示操作解剖工作，使学生通过观察和亲身体验，能学到真正的解剖技能。由此，他更正了盖伦的一些观点，还于1538年编辑出版了《解剖图谱六幅》。次年，他又对盖伦的解剖学指南《论解剖程序》做了改进。

1539年，帕多瓦一位法官对维萨留斯的解剖工作产生了兴趣，他许可维萨留斯解剖被处决的罪犯尸体。由此，维萨留斯获得了大量详细、正确无误的解剖详图，因为这些图是他专门聘请画家绘制的。1543年，他还主持了一场公开的人体解剖，对象是一个来自瑞士巴塞尔的罪犯。他在其他外科医生帮助下，收集了该罪犯所有的骨骼，组合成一套完整的骨骼系统，捐献给了巴塞尔大学。这副标本是维萨留斯唯一留存至今的标本，也是世界上最古老的人体骨骼解剖学标本，现在仍展示在巴塞尔大学解剖学博物馆中。

根据对人体的解剖和仔细观察，维萨留斯发现了盖伦的所有解剖成果都不是源于人体，而是源于动物的解剖，因为古罗马是禁止人体解剖的。同时，他还纠正了盖伦、蒙迪诺、亚里士多德著作中关于心脏功能和结构的错误论断。他在30岁出头时出版的解剖学著作——七卷本的《人体的构造》——即使现在仍被医学界视为是解剖学的经典。

然而，他对人的尸体的解剖既得罪了当时不少医生，遭到了同行的嫉恨和诽谤，也得罪了宗教界人士。因为宗教界坚信"上帝厌恶流血"，所以人体解剖在欧洲许多国家里一直是被禁止的。正因此，有人借他发表的一篇医学短文中的问题进行严厉批评，还设

法促使皇帝对他进行处罚。结果，在1551年，查理五世命令萨拉曼卡法官调查维萨留斯医疗方法的宗教影响。最后，宗教裁判所以"巫师""盗尸"等罪名判处他死刑。后来，因他是西班牙国王的御医而幸免于死，但他的财产被全部没收。

1564年，教会又逼迫他去耶路撒冷朝圣，以"忏悔罪过"。在伊奥尼亚海上逆风航行了好多天后，维萨留斯到达了扎金索斯岛。很快，他就因贫困和重病缠身死在了这里，享年50岁。一代名医就这样死于同行嫉妒和错误的宗教观念，不禁令人扼腕叹息。

李时珍

李时珍（1518～1593），我国明朝时期著名的医学家、药学家和博物学家之一。他所著的《本草纲目》乃是本草学集大成之作，对后世医学和博物学研究影响深远。他被后世尊奉为"药圣"，与扁鹊、华佗和张仲景并称中国古代四大名医。

李时珍自幼多病，每每靠父亲的医术转危为安，因此对病人的痛苦和医生的重要性有切身的感受。像当时所有年轻人一样，他一开始也读诗书、考科举。在14岁时，李时珍就考取秀才。但后来三次参加乡试均告失败，未能成为举人，于是他从此弃儒从医，专研医药，终成一代名医。

李时珍之所以发愤编写《本草纲目》，是因为他发现古代本草书籍对药名药效的记载，"品数既烦，名称多杂。或一物而析为二三，或二物而混为一品"。特别是有许多毒性药品，竟被记载为"久服延年"，实在遗祸无穷。于是，在多次上书朝廷，要求重整医书资料无果的情况下，他便亲自奋然着手，系统整理历代药物学著述。

为编写《本草纲目》，李时珍在徒弟庞宪、儿子李建元伴随下，走遍深山旷野老林，观察和收集药物标本及处方。足迹除涉及家乡周边外，还远至江西、江苏、安徽、河南、北直隶等地。他不仅不辞劳苦广泛采药，还经常亲身试药，确证药性。同时，他还遍访名医宿儒，向众多渔夫、农夫、樵夫、捕蛇者、药工等搜集民间验方。后人赵学敏在《本草纲目拾遗》中写道"远穷僻壤之产，险探仙麓之华"，称赞李时珍远途跋涉、四方采访的艰辛生活。李时珍还参考历代医药书籍925种，"考古证今，穷究天理"，记录上千万字札记。历经三十余载，三易其稿，最终完成了这部52卷、192万字的不朽巨著《本草纲目》。全书分16部，62类，共收录药物1892种，附方11096个，此外还配有插图1000多幅。所收药物有近四分之一为新增。本书规模宏大，是我国药学的集大成之作。不仅如此，《本草纲目》所列部类反映了我国古代对自然界万物的分类思想，具有极高的思想史价值。正如李时珍的儿子李建元所说，该书"虽名医书，实该物理"，不仅是一部伟大的药物学著作，也是一部伟大的博物学、生物学和化学著作。1596年，在李时珍逝世后第三年，《本草纲目》在南京正式刊印。李时珍未能看到自己的著作问世。

李时珍为人类医学做出了杰出贡献，享誉海内外。《本草纲目》被译为十几种文字出版。他按药物自然属性逐级分类的纲目体系，比现代植物分类学创始人林奈的《自然系统》早了一个世纪，被誉为"东方医药巨典"。

李時珍

李時珍先生詩云：
身如逆流船，心比
鐵石堅。望父成兒
志，馳死不怕難。
壬寅敬臨蔣兆和
先生原作品 薛曉源

第 谷

第谷·布拉赫（Tycho Brahe，1546～1601），丹麦天文学家、占星学士和炼金术士。他以精确的天文观测而著称于世，并编写了精确的恒星表，其观测资料使开普勒得出行星运动三定律，是公认的近代天文学奠基人。

第谷出生于一个贵族家庭。两岁左右时，他开始与没有子女的伯父母一起生活。他自幼聪慧，1559 年，年仅 13 岁的他，便遵照伯父的意愿进入哥本哈根大学攻读法律和哲学，并对天文学产生了兴趣。1560 年 8 月，他根据预报观察到一次日食，这使他开始转向天文学研究。1562 年，16 岁的第谷转学到德国莱比锡大学学习法律，同时利用全部业余时间继续天文学研究。1563 年，通过观察木星和土星，第谷写出了他人生第一份天文观测资料。1566 年，20 岁的第谷开始到各国漫游，开始了他毕生孜孜以求的天文研究事业。1572 年，26 岁的第谷使用自制仪器观察仙后座一颗新恒星，长达 16 个月之久，并做了详细的观察记录。他的观察和研究成果彻底动摇了亚里士多德的天体不变学说。

1576 年，丹麦国王弗雷德里克二世将文岛赐给第谷，以作为他的天文台台址，并给他一笔研究经费。于是，他在此建造了世界上最早的大型天文台。直到 1599 年，第谷在这里观察和研究了 20 多年，取得了一系列重要成果。其中，最著名的有 1577 年起对两颗明亮彗星的观察，他得出了彗星比月亮远许多倍的结论。这对后人正确认识天文现象产生了极大影响。

1599 年，他在神圣罗马帝国皇帝兼波希米亚国王鲁道夫二世帮助下，移居布拉格，建立了新的天文台。1600 年，他看到德国青年开普勒撰写的《神性的宇宙》一书后，盛情邀请其做自己的助手。不幸的是，次年，55 岁的第谷因汞中毒（亦说肾结石或尿毒症）而逝世。所幸的是，他挑选的助手开普勒接替了他的工作，并以他积累的大量精确的天文观察资料为基础，于 1627 年完成了《鲁道夫天文表》，成为当时最精确的天文表。

第谷是一位杰出的天文观测家，被称为天文史上的"奇人"，也是最后一位用肉眼观测天象的天文学家。他对天文学的贡献不可磨灭，因为他所做的观测精度之高，是他同时代人望尘莫及的。由他开始编制、由开普勒完成的恒星表相当准确，迄今仍有使用价值。尤其是他的观测数据为开普勒所运用，由此创立了著名的行星运动三大定律，成就了近代天文学的开端。因此，称第谷为近代天文学的奠基人，毫不为过。

但遗憾的是，第谷的宇宙观却是错误的。他认为所有行星都绕太阳运动，而太阳率领众行星绕地球运动。中国明朝时使用了主要依据第谷的观测结果而编制的时宪历。然而，在第谷时代，占星术和炼金术是比天文学更受重视的年代。因此，第谷能投入主要精力研究天文学并做出重大贡献，也实属难能可贵。

　　需指出的是，一方面，第谷是哥白尼日心说的强烈反对者。然而历史就是这样捉弄人，第谷本人虽然反对哥白尼天文学体系，他的天文观测工作却为哥白尼日心说的发展开辟了道路。他完全清楚日心说的优点，而且赞美它是"美丽的几何构造"，但他不能同意地球运动的概念，因为他没有观测到恒星的视差。另一方面，第谷也不赞成托勒密的主张，他认为只有太阳、月亮以及包含全部恒星的第八重天，才以地球为中心而运行，五颗行星则绕太阳运行。

伽利略

伽利略·伽利莱（Galileo Galilei，1564～1642），意大利物理学家、数学家、天文学家及哲学家，因其在科学上的突出贡献，他被世人誉为"现代观测天文学之父""现代物理学之父""科学方法之父"和"现代科学之父"。

伽利略出生于意大利比萨，8岁时随家人迁居佛罗伦萨。上大学时期，他先是在比萨大学学习医学，后来因为听了几次欧几里得几何学的演讲，他便转而对数学着迷，还兼学美术。由于他对学医不感兴趣，所以未取得医学学位，并于1585年离开了比萨大学。此后，他先在一家美术学院任讲师，讲授透视法和明暗搭配。同时，由于他倾心研究欧几里得几何学和阿基米德物理学，很快名声远扬。1589年，他被任命为比萨大学数学系主任。三年后，他转到帕多瓦大学，从1592年至1610年的18年间，他一直在帕多瓦大学讲授几何学、机械学和天文学。1610年，他回到故乡佛罗伦萨，继续从事物理学和天文学研究。1624年至1630年，他断断续续地写出了《关于托勒密和哥白尼两大体系的对话》。但该书出版颇费周折，最终于1632年出版，却很快遭到罗马教会的查禁。1633年，教会判处他终身监禁，此后他一直在监视之下住在佛罗伦萨城外一座别墅里，继续他的力学研究。1642年，他在阿切特里的别墅里因病安然去世，享年78岁。次年，牛顿出生。

伽利略在对科学的贡献主要表现在力学和天文学上。他从实验中推导出，受到引力作用的物体并非呈匀速运动，而是呈加速度运动；物体只要不受到外力的作用，就会保持其原来的静止状态或匀速运动状态不变。这些研究成果启示牛顿提出了运动定律中的第一、第二定律。

伽利略在天文学上的发现和对哥白尼学说的研究，也是留给世界的宝贵遗产。他是第一个有记载使用望远镜作天文观测的人。他所发现并归类的木星四大卫星，现在被称为"伽利略卫星"。第一个围绕木星公转的太空飞行器，也被命名为"伽利略号探测器"。欧盟建造的卫星定位系统也被命名为"伽利略定位系统"。

伽利略在科学研究方法上的创新，在自然科学史上具有开创性意义。他通过实验和数学方法研究运动学，这成为现代自然科学研究的经典范式。他创造并示范了新的科学实验传统、以追究事物之量的数学关系为目标的研究纲领，以及将实验与数学相结合的科学方法。正是他的工作将现代物理学乃至现代科学引上了历史的舞台。爱因斯坦评论说："伽利略的发展以及他所应用的科学推进方法，是人类思想史上最伟大的成就之一，标志着物理学的真正开端。"

伽利略

宇宙是用數學語言寫成的。意大利偉大科學家伽利略先生如是說

壬寅年薛曉源寫

开普勒

约翰尼斯·开普勒（Johannes Kepler，1571～1630），德国天文学家、数学家与占星术士，以发现行星运动三定律而著称于世，被人誉为"星空立法者"。

开普勒出生于神圣罗马帝国符腾堡（现属德国）威尔德斯达特镇，从小对天文学感兴趣。在 6 岁时，他曾看到 1577 年大彗星，对此他记忆犹深，终生难忘。9 岁时，他观察到 1580 年的月食。这些经历对他后来终生献身于天文学无疑具有潜在的深远影响。

1589 年，开普勒进入图宾根大学神学院学习。此间，他既学习了托勒密地心说，也学习了哥白尼日心说。尽管日心说在当时不占主导地位，他却成为日心说的坚定拥护者。1594 年 4 月，在年仅 23 岁时，他便开始担任格拉茨新教学校（现格拉茨大学）数学与天文学教师。

1600 年 2 月 4 日，开普勒几经周折与当时已为著名天文学家的第谷见面。经多次沟通商谈后，他最后成为第谷的助手，并得到第谷的直接资助。第谷安排他对行星观测结果进行分析。1601 年 10 月 24 日，第谷不幸意外逝世。仅两天后，开普勒被委任为其继承者，作为皇家数学家，负责完成第谷未竟的事业。此后 11 年，乃是开普勒一生中最为多产的时期。

他撰写的第一部重要的学术著作，乃是 1596 年出版的《宇宙的奥秘》。1621 年，他又出版了篇幅比第一版多一倍的第二版，但这一部著作只是将日心说理论化的第一步。1604 年，他发表了《天文学的光学需知》一书，此书成为现代光学的基础。在 1609 年出版的《新天文学》中，他初步阐述了两条行星运动定律。1615 年完成的《哥白尼天文学概要》，则包含了全部行星运动定律，并尝试用物理因素解释天体运动。1623 年，他最终完成了《鲁道夫星表》，这在当时被认为是他主要的工作和贡献。

遗憾的是，开普勒提出的行星运动定律，由于他坚持建立于物理基础上的天体运动观点，一开始并不被当时的重要人物所接受。如当时大名鼎鼎的伽利略和笛卡尔等人，完全忽视了开普勒的《新天文学》。直到开普勒去世多年后，他的思想才逐渐被人接受。从 17 世纪开始，人们逐渐承认了包含引力和笛卡尔惯性在内的概念。牛顿的代表作《自然哲学的数学原理》根据以力为基础的万有引力定律，得出了开普勒行星运动定律，此乃是承认开普勒观点的理论顶峰。

从科学史角度看，开普勒发现的行星运动三大定律，即轨道定律、面积定律和周期

开普勒

天體的運動不
過是某種永恆
而復調音樂而已
要用才智而不是
耳朵來傾聽開普
勒如是說 薛晓源写

定律，使他赢得了"星空立法者"的美名。同时，他对光学做出的重要贡献，使他成为现代实验光学的奠基人。从科学研究方法上说，人们也称他为"科学归纳法"的天才，是从古代到现代世界观的知识转变过程中的核心人物之一。诸如"不可比性实例""类比推理""可证伪性"等科学哲学概念，在他的著作中都曾出现过。美国天文学家卡尔·萨根曾高度赞扬开普勒，称他为"第一个天体物理学家与最后一个科学占星家"。

值得指出的是，开普勒提出的"可证伪性"概念，后来在著名科学哲学家卡尔·波普的证伪主义中得到了系统阐述，成为判断充满全称命题的科学理论是否具有科学品格的重要标准之一，对现代科学哲学的发展具有重要作用。

哈 维

威廉·哈维（William Harvey，1578～1657），英国著名生理学家和医生，以通过实验证明动物体内血液循环规律和发现心脏的功能而青史留名，被誉为近代实验生理学的创始人之一。

哈维出生于英国肯特郡，其父亲是当地一位富人。因从小在坎特伯雷著名的私立学校接受严格的中小学教育，15岁时哈维便进入剑桥大学学习医学。此间，他曾前往当时欧洲最著名的高级科学学府——意大利帕多瓦大学，在著名解剖学家西罗尼姆斯·法布里休斯指导下学习解剖学。1602年，他在帕多瓦大学获得医学士学位。同年，他回伦敦定居，并开始在伦敦行医。1607年，他当选英国皇家医学院院士。

1609年，经国王詹姆士一世和皇家医学院院长亨利·阿特京斯的推荐，哈维取得了圣巴塞洛缪医院的追补医师职位。1615年，哈维被选为皇家医学院伦姆雷讲座的主讲人。次年，在骑士街圣保罗教堂附近的学堂中讲学时，哈维第一次提出了血液循环理论。这次演讲的拉丁文手稿，至今仍收藏在大英博物馆中。哈维的讲学颇受人欢迎，他擅长采用比较方法，通过解剖动物来说明人体解剖学。他由表及里、由浅入深地描述人体的皮肤、脂肪、表层肌肉、腹脏器官，使听众印象深刻，难以忘怀。

1618年后，哈维被委任为王室御医，先后为国王詹姆士一世和查理一世服务，但他仍然坚持在伦姆雷讲学。1642年至1646年，哈维随王室在牛津度过了三年流亡生活。1649年，英国内战结束，查理一世被斩首后，哈维因为一直忠于查理一世，被禁止进入伦敦城。不过，他在晚年仍在兴致勃勃地从事医学研究工作，并秘密地给一家医学院捐款，建造了一座图书馆。

1651年，哈维出版了第二部生物学著作《论动物的生殖》，对小鸡在鸡卵中的发育情况进行了仔细研究。到了晚年，他提出的血液循环理论逐渐被大多数人所接受。就连反对声音最强的法国，在笛卡尔的支持和影响下也转变了态度。

哈维一生写过大量科学论著，但他只出版了《心血运动论》和《论动物的生殖》两部著作。他对医学的贡献是划时代的，他的研究工作标志着新的生命科学的开始，属于16至17世纪科学革命的重要组成部分。人们通常赞誉他是与哥白尼、伽利略、牛顿齐名的科学革命巨匠。因为他的《心血运动论》一书，就像《天体运行论》《关于托勒密和哥白尼两大体系的对话》《自然哲学的数学原理》等巨著一样，乃是科学革命时期极其重要的文献。

威廉·哈维

我自誓昔為真理的信徒,以自然為師,以實驗為依據。威廉哈維如是說 薛宅源敬寫

笛卡尔

勒内·笛卡尔（René Descartes，1596～1650），法国数学家、物理学家，西方现代哲学创始人之一。他对现代数学的发展做出了重要贡献，因将几何坐标体系公式化而被誉为"解析几何之父"。作为心物二元论和理性主义的代表人物，他给我们留下了"我思故我在"的哲学名言，他提出的"普遍怀疑"主张影响了其后几代欧洲人，开拓了欧陆理性主义哲学。

笛卡尔出生于法国安德尔-卢瓦尔省图赖讷拉海市（现改为"笛卡尔市"，以纪念这位伟人）一个贵族家庭，父亲是议员。在他1岁多时，母亲因肺结核病撒手人寰，他也受到结核菌感染，因此他从小体弱多病，由外祖母辛苦地把他带大。

在大学时代，笛卡尔先是进入皇家大亨利学院学习数学和物理学，后来又进入普瓦捷大学研习法律。1618年，他应征入伍，加入荷兰军队，并在此期间对数学与物理学的结合产生了兴趣。1619年，他宣称发现了一种可解任何算术或几何问题的方法。1622年，他游历欧洲，在巴黎结识了马兰·梅森，后来他在《第一哲学沉思集》中讨论的主要问题就是与梅森讨论过的两个主题，即反对放纵派和反对怀疑主义。1628年，他移居荷兰。此后20多年间，他致力于哲学研究，发表了《谈谈方法》和《哲学原理》等著作，成为欧洲当时最有影响力的哲学家之一。1639年11月，他开始撰写《沉思集》，次年便完成。1649年，他受瑞典克里斯蒂娜女王之邀，来到斯德哥尔摩担任女王的私人教师，但不幸在这片"熊、冰雪与岩石的土地"上患上了肺炎，于次年2月逝世，年仅54岁。

笛卡尔对数学最重要的贡献，是创立了解析几何。他成功地将当时完全分开的代数和几何学整合在一起。他在《几何》一书中证明，几何问题可归结为代数问题，也可通过代数转换来发现、证明几何性质。他引入了坐标系以及线段的运算概念。其数学成就还为后人的微积分工作奠定了坚实基础，而后者则是现代数学的基石。他创造性地将几何图形"转译"为代数方程式，从而将几何问题以代数方法求解，这就是今日的解析几何，或称"坐标几何"。此外，许多现代数学符号都是笛卡尔最先使用的，这包括已知数 a，b，c 以及未知数 x，y，z 等，还有指数的表示方法。他还发现了凸多面体边、顶点、面之间的关系，后人称为欧拉—笛卡尔公式。微积分中常见的笛卡尔叶形线，也是他发现的。

在物理学方面，笛卡尔在《屈光学》中，首次对光的折射定律提出了解释。他还解释了人的视力失常的原因，并设计了矫正视力的透镜。在力学上，他发展了伽利略运动相对性的理论，强调了惯性运动的直线性。他还发展了宇宙演化说、漩涡说等理论。他曾用光的折射定律解释彩虹现象，并通过元素微粒的旋转速度来分析颜色。

在哲学方面，他是现代哲学二元论的典型代表人物，坚信理性主义。他认为，人类可以使用数学方法，也即理性方法，来进行哲学和科学思考。诸如数字、物理定律这一类超感官的实在，就是通过理性思考获得的，无法通过感官来认识。由此，他反对亚里士多德的感觉论，不承认"一切思想来源于感觉"的观念。他坚持"我看故我在""我听故我在"，并最后上升到"我思故我在"的哲学命题，将之作为其形而上学中最基本的出发点。他坚持物质实体与心灵实体是两种不同的实体，它们最终都来自于上帝。他认为，只有人才有灵魂，而动物属于物质世界。

有意思的是，笛卡尔不太重视实验。他依靠天才的直觉加上严密的数学推理，居然在物理学原理方面做出了有益的贡献。同时，他的机械自然观对后世影响甚大。

帕斯卡

布莱兹·帕斯卡（Blaise Pascal，1623～1662），法国著名数学家、物理学家、化学家、音乐家、教育家、气象学家、哲学家和神学家。

帕斯卡天资聪颖，自幼喜欢数学和物理。在12岁那年，他就独立发现了三角形的内角和等于180度。16岁那年，他撰写了一篇讨论六边形的论文《圆锥曲线论》，其中提出的观点至今被称为"帕斯卡定理"：一个圆锥曲线的内接六边形的三对对边延长线的交点共线，亦称"帕斯卡线"。在19岁左右时，为减轻父亲的工作负担，他制造出一台可运行加减的计算器，史称"帕斯卡计算器"。这是世界上最早的计算器，现陈列于法国博物馆中。此项工作乃是早期电脑工程的先驱。他在数学上的贡献还有概率论等。通常认为，费马和帕斯卡完成的分析和概率研究，给莱布尼茨提出无穷小微积分奠定了基础。

帕斯卡在物理学上的主要贡献是，1653年他提出了流体传递压力定律，即所谓帕斯卡定律。水压机就是依据这一原理制造出来的。他继承了伽利略和托里拆利的大气压实验，发现了气压随高度增减而变化的规律。因此，国际单位制中压强的单位"帕"，就是以他的姓氏首字母命名的。

1654年末，在经历一次信仰上的神秘体验后，他离开了数学和物理学，专注于沉思神学与哲学写作。他是坚定的詹森教派信徒，其人文思想大受蒙田影响。他的宗教论战之作《致外省人书》，被奉为法文写作的典范。他的笔记本在他去世后被编为《思想录》。此时他从怀疑论出发，认为感性和理性知识都不可靠，并得出了"信仰高于一切"的结论。

帕斯卡的一生，既有科学研究方面的巨大成就，也有深刻的宗教体验，还有思想和精神领域的伟大探险。它启示后人，面对纷繁复杂的外在世界，我们可以把科学的思考、技术的发明、思想的洞察力和宗教的信仰有机地结合在自己的人生经验历程之中。

帕斯卡

人因為思想而偉大。人顯然為思想而生的。我們的全部尊嚴就在於思想。帕斯卡如是說。

壬寅季 薛曉源

帕斯卡云：人只不过是壹根苇草，是自然界最脆弱的东西，但是壹根能思想的苇草。薛晓源欣寫於知行書院

波义耳

罗伯特·波义耳（Robert Boyle，1627～1691），著名化学家和物理学家。1661年他所撰写的《怀疑派化学家》一书标志着现代化学的开端。

波义耳出生于爱尔兰一个贵族家庭，终身未娶。在家庭教师的教育下，他自幼学习拉丁语、希腊语和法语。在8岁时他母亲因病去世，随后他被送到伊顿公学寄宿学校学习。三年后，在一位法国家庭教师陪伴下，他到瑞士日内瓦学习了两年，1641年又前往意大利佛罗伦萨等地游历。据说，在这次旅途中，他学习了伽利略的名著《关于托勒密和哥白尼两大世界体系的对话》，并深受其影响。20年后，在他撰写名著《怀疑派化学家》时，就模仿了这本书的表述形式。1643年他父亲去世时，给他留下一座庄园和部分地产。翌年，波义耳从欧洲大陆回到英格兰，在照看庄园的同时，也开始了自己的科学研究。

1645年，波义耳加入伦敦一个科学社团——哲学学会，经常与社团成员聚会和讨论交流自然科学问题。1654年，波义耳前往牛津大学，在这里他建立了实验室，聘请罗伯特·胡克为助手，开始对气体和燃烧现象做研究。1660年，他发表研究成果，阐明了在温度保持不变的条件下，气体的压力与体积成反比的性质。法国物理学家马略特在此时也得到了同样的成果，不过他直到1676年才发表其成果。于是，在英语国家，这一定律被称为波义耳定律，而在欧洲大陆国家则被称为马略特定律。

1661年，波义耳出版《怀疑派化学家》，批判了当时占主导地位的四元素说，认为在科学研究中不应该将组成物质的东西都称为元素，而应该把不能相互转变和不能还原成更简单物质的东西称为元素。他认为元素微粒的不同聚合体导致了其性质的不同。

1668年，波义耳离开牛津，前往伦敦的妹妹家居住，并在那里建立了实验室。1673年他和罗伯特·胡克通过实验，发现在真空条件下物质无法燃烧。随后，波义耳把这一实验结果写成论文《关于火焰与空气关系的新实验》，最先揭示了空气是燃烧的必要条件。另外，他还发现，某些植物的色素在酸性和碱性条件下会出现不同的颜色，从而引入了指示剂概念。

1689年后，波义耳一向不佳的健康状况持续恶化，因而他被迫退出一切社会活动，并为不能接待来访者而公开致歉。两年后，这位科学家便与世长辞。

达尔文

人之所以能致力於世界，莫過於勤在實驗上下功夫。波義耳語 薛曉源敬寫

惠更斯

克里斯蒂安·惠更斯（Christiaan Huygens，1629～1695），荷兰著名物理学家、天文学和数学家，因提出向心力定律、动量守恒定律等而闻名科学界。

惠更斯出生于海牙，父亲是一位大臣和诗人，与笛卡尔等学界名流交往甚密。家族良好的教育和文化传统，对幼年的惠更斯有重大影响。

1645年，16岁的惠更斯进入莱顿大学攻读法律与数学。大学毕业后，他一直在家中独立进行数学和自然科学研究。1650年，他关于流体静力学的研究成果完成。1652年，他将弹性碰撞的规律公式化，并开始研究几何光学。1655年，他与哥哥一起，动手制造了显微镜和望远镜。1655～1656年冬天，他用自制的望远镜发现了土星的卫星，并辨识出了土星光环，这两个发现他分别收录于《土星之月新观察》和《土星系统》中。1656年，他发明了摆钟。这一发明使他后来有机会发现了摆线等时性（1659年）。在数学方面，1657年，他发表了《论赌博中的计算》一文。

1666年，法国皇家科学院成立，惠更斯接受了该院的会员资格，并在当年5月前往巴黎，在那里一直待到1681年。作为皇家科学院最卓越的会员之一，惠更斯获得了很高的薪俸，并居住在皇家图书馆的一套房间中，这对他的研究极有帮助。1669年，他阐述了重力起因理论，1678年撰写了《光论》一书，宣布了他在1676～1677年间发展出来的光的波动学说（即光的脉冲理论）。1673年，他与帕平合作，建造了一台内燃机。同年，还出版了《论摆钟》一书，题词献给法国国王。此举受到一些荷兰人的诟病。1681年，他因健康原因离开巴黎，回到故乡荷兰，之后再未回到巴黎。1689年，他访问了英格兰，拜访了牛顿。牛顿的《自然哲学的数学原理》引起了惠更斯的仰慕之情，但也激起了他与牛顿的强烈分歧。这使他在生命的最后几年中，注意力又转回数学研究。1695年夏天惠更斯在海牙因病逝世，享年66岁。

从科学史上看，惠更斯是介于伽利略与牛顿之间的一位重要物理学先驱，是历史上最著名的物理学家之一。因处于富裕的家庭环境和宽松的社会条件中，并因受到国王的礼遇，他没有受过宗教迫害，这使他能充分自由地发挥自己的天赋才华。尤其是他善于把科学理论和实践相结合，形成了理论与实验相结合的研究方法，给后世留下科学论文和著作68种。在数学、光学、天文学和力学方面，惠更斯都有卓越的成就，不愧是现代自然科学的一位重要开拓者。

霍布斯

永遠對生活充
滿希望,對於困
憶與磨難微笑
面對。霍更斯如是
說。薛旭源寫

列文虎克

安东尼·范·列文虎克（Antonie van Leeuwenhoek，1632～1723），荷兰著名微生物学家和显微镜学家，以率先发现微生物，包括细菌、原生动物和其他单细胞生物而闻名，被誉为"微生物学之父"。

列文虎克的父亲在他5岁时就不幸去世，母亲改嫁后，在他10岁时继父也去世。读了几年书后，他被迫外出谋生，16岁那年他来到荷兰最大城市阿姆斯特丹，在一家布店当学徒。布店旁边有一家眼镜店，除磨制镜片外，也磨制放大镜。他对磨镜片极感兴趣，经常利用业余时间，跟眼镜店的工匠学习如何磨制镜片，尤其是如何制作显微镜片。在磨镜片方面，他可谓天赋异禀，手艺极强。后来他返回家乡，一边工作，一边利用业余时间在自制的显微镜下观察自然，由此发现了自然界中的许多奥秘。1674年，他制作出世界上第一台高倍显微镜，并利用这台显微镜首次观察到了血红细胞。

虽然他未受过高等教育，却有不少朋友是科学家、学者和艺术家，其中有当时荷兰著名解剖学家德·格拉夫。格拉夫对胰腺分泌物及雌性动物的生殖系统很有研究，"卵"这个词就是由格拉夫首先提出来的。正是通过格拉夫，列文虎克的研究工作才被英国皇家学会所了解。1680年，列文虎克当选为英国皇家学会会员。

他在放大镜下观察的对象非常广泛，包括晶体、矿物、植物、动物、微生物、污水、昆虫等。尤其是对细菌和原生动物的观察极感兴趣。1677年，他首次描述了昆虫、狗和人的精子。1702年，他发现所有露天积水中都可找到微生物，并证明它们都是经由卵子发育而成，而非从沙子、河泥或露水中自然发生的，这便推翻了长期流行的所谓自然发生说。

列文虎克的发现对18世纪和19世纪初期的细菌学和原生动物学的研究，起了奠基作用。他的划时代的观察，对后来生物科学的发展和人类抗击传染病，发挥了极大作用。

1723年，91岁高龄的列文虎克辞世时，把制作显微镜的方法和26台显微镜以及几百个放大镜，无偿捐献给了英国皇家学会，给人类贡献了自己宝贵的精神财富。他对微生物本来面目的揭示，对人类的健康和幸福生活具有巨大意义。

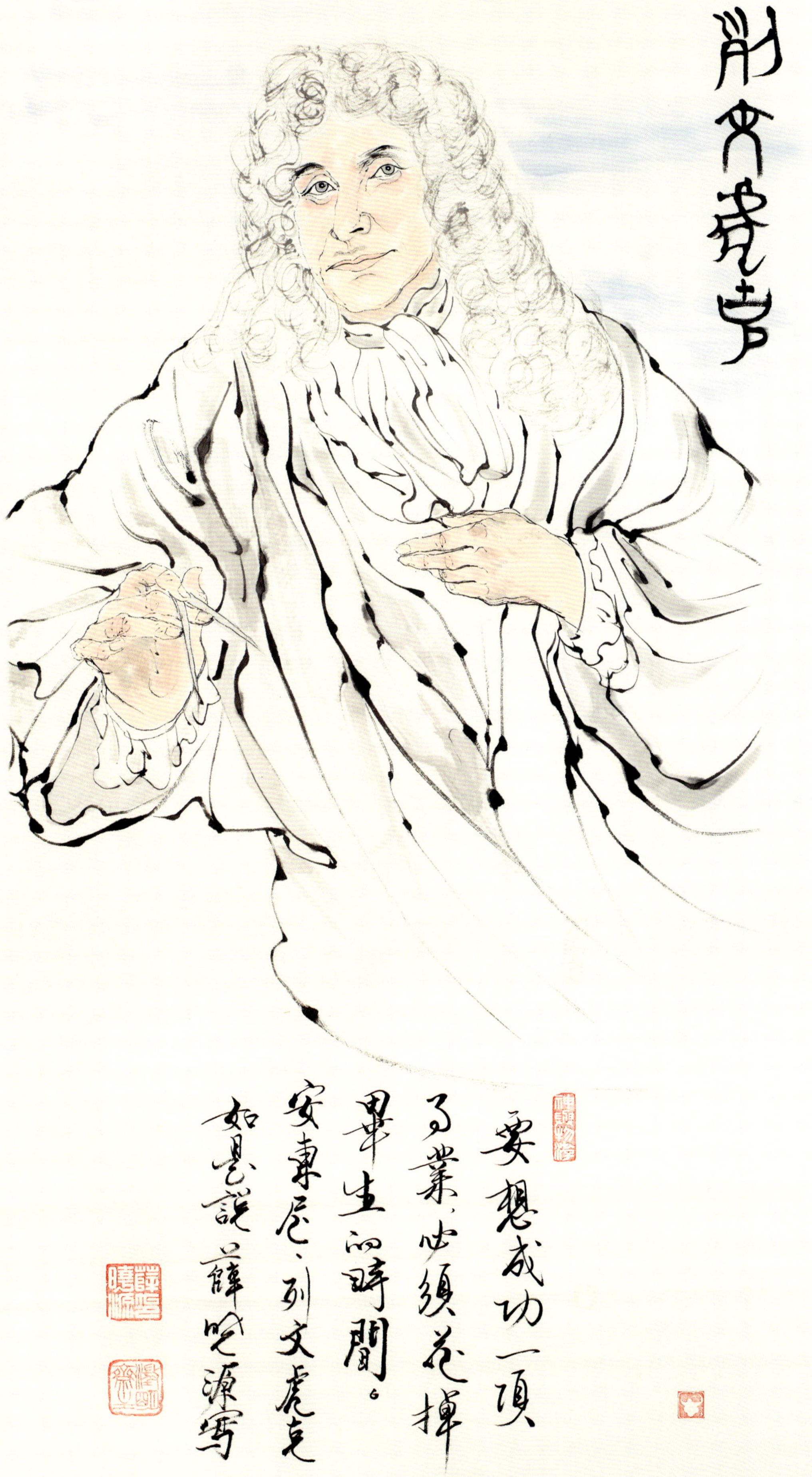
列文虎克
要想成功一項事業、必須花掉畢生的時間。
安東尼、列文虎克如是說
韓曉源寫

牛顿

艾萨克·牛顿（Isaac Newton，1643～1727），英国著名物理学家、数学家、天文学家和自然哲学家，代表作是《自然哲学的数学原理》，是经典物理学的集大成者，现代自然科学通常以牛顿物理学作为经典范式。

牛顿出生于英格兰，其父亲在他出生前三个月就去世了，而他因早产在出生时十分弱小。3岁时其母亲改嫁，此后他随外祖母长大。在国王中学读书时，他各科成绩均十分出色，19岁那年便考入剑桥大学三一学院学习。在这里，他对数学表现出强烈的兴趣和天赋，并在之后和同时代的莱布尼茨分别独立创立了微积分学。1669年牛顿被授予卢卡斯数学教授席位。

在物理学方面，他研究了引力及其对行星轨道的作用、开普勒的行星运动定律等。在1687年出版的代表作《自然哲学的数学原理》中，他阐述了在其后两百年间都被视作真理的万有引力和三大运动定律，奠定了现代物理学和天文学的基础，并为现代工程学奠定了基础。他通过论证开普勒行星运动定律与他的引力理论之间的一致性，展示了地面物体与天体运动都遵循着相同的自然定律，并为太阳中心学说提供了强有力的理论支持。不管怎样，他所提出的三大运动定律，永远是人类认识自然界宏观物体运动规律的精美真理性表述。即使爱因斯坦相对论和普朗克量子力学出现后，牛顿力学的真理性仍然在宏观世界闪闪发光。

在光学研究方面，牛顿不仅发表了《光学》一书，而且发明了反射望远镜。

有趣的是，牛顿不仅是一位伟大的现代科学家，注重于思考天上的星空和地上的物体的运动规律，而且还特别注重参与社会实务，在他53岁时开始主持英国货币重铸工作。他还积极参与法律实务，对伪造货币者和宗教阴谋活动，坚定地以法律为武器进行斗争，并最终取得胜利。通过创立"安妮女王法案"，他促成了英镑钱币从银本位转移到金本位，这对增加英格兰财富和社会稳定产生了重要作用。

1703年，牛顿成为英国皇家学会会长，并成为法国科学院院士。1705年，安妮女王授予牛顿爵士身份。此乃是英国继弗朗西斯·培根之后第二个被授勋的科学家。

牛顿终生未婚，毕生把全部身心都献给了他所挚爱的科学、金融和宗教等事业。他的自然观是典型的机械自然观，以物体的运动规律来解释世界万物。但他把万物运动的第一推动力最终归结于上帝。他认为，有序且遵循动力学规律的宇宙可以被理解，但必

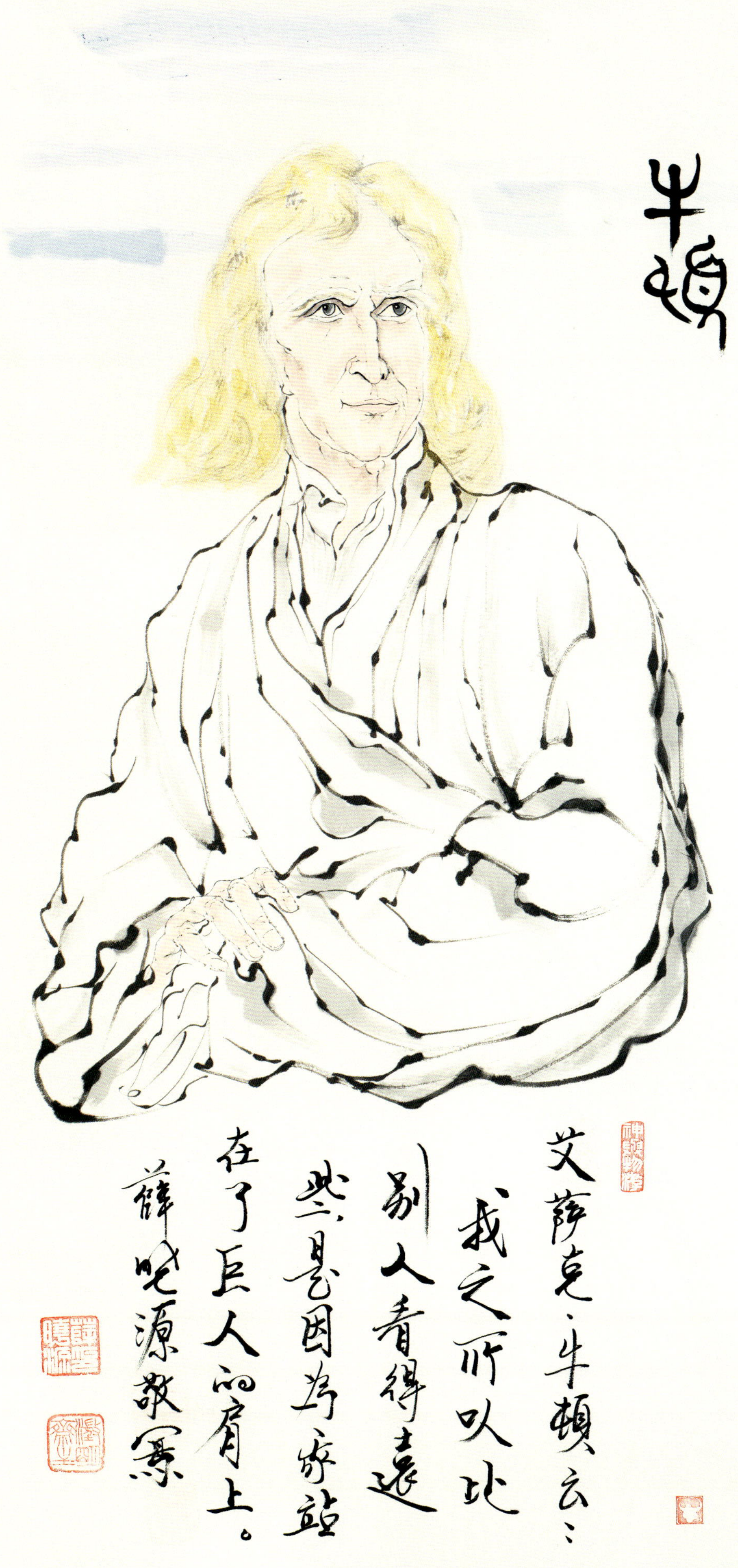
牛頓
艾薩克、牛頓云：
我之所以比
别人看得遠
些，是因為我站
在了巨人的肩上。
薛曉源敬寫

须以主动的理性去理解。由于宇宙中不稳定性的累积和缓慢增长,因此必须有神的不断干预来改良宇宙系统。为此,莱布尼茨讽刺牛顿说:"神必须时不时地给他造的钟表上发条,否则这个钟表就会停摆。"但实际上,在牛顿的机械论宇宙中基本上没有上帝的位置。他所坚持的基于自然的和可理解的认知法则的宇宙观,促成了启蒙运动的萌芽。

1727年3月31日,他在伦敦逝世,享年84岁。英国皇家在威斯敏斯特教堂为他举行了国葬,使他成为英国历史上第一个获得国葬的科学家。

哈 雷

埃德蒙·哈雷（Edmond Halley，1656～1742），英国天文学家、地球物理学家、数学家、气象学家和物理学家，因把牛顿定律应用于彗星运动，并正确地预言了哈雷彗星做回归运动的事实而闻名于世。

1656年，哈雷出生于英国，17岁时进入牛津大学王后学院就读，并在毕业前就发表了关于太阳系和太阳黑子的研究论文。1676年，在未拿到学位的情况下，他去南半球的圣赫勒拿岛建立了一座临时天文台。在那里，他仔细观察天象，编制了第一个南天星表，弥补了天文学界原来只有北天星表的不足。哈雷的这个南天星表包括了341颗恒星的方位，于1678年公布时，他才年仅22岁。

1680年，哈雷与巴黎天文台第一任台长卡西尼合作，观测了当年出现的一颗大彗星。从此，他对彗星产生了兴趣。在整理彗星观测记录的过程中，哈雷发现1682年出现的一颗彗星的轨道根数，与1607年开普勒观测的和1531年阿皮亚努斯观测的彗星轨道根数相近，出现的时间间隔都是75或76年。在他运用牛顿万有引力定律反复推算后，得出结论：这三次出现的彗星，并不是三颗不同的彗星，而是同一颗彗星三次出现。以此为依据，哈雷预言这颗彗星将于1758年再次出现。1758年3月，全世界的天文台都在等待哈雷预言的这颗彗星。3月13日，这颗明亮的彗星拖着长长的尾巴，出现在星空中。遗憾的是，哈雷已于1742年逝世，未能亲眼看到。1758年，这颗彗星被命名为哈雷彗星。根据哈雷的计算，预测这颗彗星将于1835年和1910年回来，结果，这颗彗星都如期而至。

哈雷撰写过有关磁力、潮汐和行星运动方面的权威论文，还发明了气象图和运算表，发表了恒星的自行，提出了利用金星凌日的机会测算地球到太阳距离的方法，甚至还发现了月亮运动的长期加速现象，为精密研究地、月系的运动做出了重要贡献。

有趣的是，据记载，哈雷在1684年8月不请自到剑桥大学，登门拜访数学家牛顿，请教他行星运行的曲线会是什么样的。牛顿回答说，会是一个椭圆。哈雷问牛顿他是怎么知道的，牛顿回答说："我已经计算过。"哈雷要看他的计算材料，可是他怎么也找不到了。于是，在哈雷的敦促之下，牛顿答应再算一遍。结果，两年之后，牛顿最后拿出了他的杰作《自然哲学的数学原理》。并且，哈雷还自费为牛顿出版了这本名垂千古的巨著，亲自担任此书的编辑、校对和序言撰写者。可见，哈雷在科学史上最伟大的著作之一——《自然哲学的数学原理》的写作和出版上,也功不可没。

但作为皇家学会会员的哈雷,却在1691年谋求牛津大学萨维尔天文学讲席教授职位时,遭到了坎特伯雷大主教的反对,理由主要是哈雷是个无神论者。直到1703年,他才晋升为牛津大学几何学教授。

哈雷

你们看看别,数学驱散云雾、错误和怀疑不再将我们缠绕。
埃德蒙哈雷云

薛晓源写

丹尼尔·伯努利

丹尼尔·伯努利（Daniel Bernoulli，1700～1782），瑞士著名数学家和物理学家，为伯努利家族（伯努利家族出了数位杰出的数学家）代表人物之一。他提出了"伯努利定律"，这条定律适用于沿着一条流线的稳定、非黏滞、不可压缩流，在流体力学和空气动力学中有关键性的作用。

伯努利出生于荷兰格罗宁根市，其家族是当地的名门望族。其父亲约翰·伯努利希望他长大后子承父业，从事经商活动，而他则从小挚爱数学，对经商毫无兴趣。因此，在他和父亲同时参加巴黎大学科学竞赛时，他父亲因为不能承受和儿子做比较的"羞耻"，把他逐出家族。为此，导致伯努利对数学有了一句著名的负面评价："如果不用数学，物理学会有更大的发展。"

伯努利是著名数学家欧拉的同时代人，二人也是亲密朋友。他和欧拉在欧拉—伯努利栋梁方程上有过合作。伯努利最早的数学著作是《数学习题》，出版于1724年。他的主要著作是《流体力学》，出版于1738年。这一部著作类似于拉格朗日的《分析力学》，全书所有的结果都是一个定律的推论，也就是能量守恒定律。随后，他又撰写了一部关于潮汐理论的论文集，和欧拉以及马克劳林的论文集一起，获得了法国科学院的一个奖励。尤其值得注意的是，伯努利是最早试图采用数学方式表述分子运动论的人，而且他还试图用这一方式解释波义耳定律。

除数学和力学的研究成果外，伯努利还利用数学工具研究经济学问题，于1738年发表了《风险度量的新理论的讨论》等论文。他在其中提出了解决圣彼得堡悖论的方法，得出一条原理："财富越多，人越满足，然而随着财富的增加，满足程度的增加速度会不断下降。"这就是后来经济学家所说的"边际效用递减"规律。1766年他还曾尝试用统计数据分析问题。在某种意义上，这些研究可谓200年后数学家冯·诺伊曼和经济学家摩根斯坦提出"博弈论与经济行为"的理论先驱。

有评论者认为，伯努利原理不仅重要，还如此有趣，绝对脑洞大开！飞机飞行的原理，就是伯努利原理所揭示的：飞机机翼不动，为什么能飞上蓝天？两艘轮船并行航行，为什么会相互"吸引"（船吸现象）？人站在地铁旁，当地铁快速通过时，为什么会有"被吸引"的感觉？人为什么不应当到水流湍急的河道去游泳？要解释这些现象，都离不开伯努利原理揭示的奥秘。

富兰克林

本杰明·富兰克林（Benjamin Franklin，1706～1790），美国开国元勋之一，杰出的政治家、外交家、科学家、发明家，同时亦是出版商、印刷商、记者、作家、慈善家、共济会成员。他以发现电荷守恒定律等而闻名科学界。

1706 年，富兰克林出生于美国波士顿，是其父亲的第 15 个孩子，也是最小的儿子。他 10 岁时失学，后不断自学，跟随其哥哥詹姆斯进入出版行业，并在十五六岁时，开始在其哥哥创办的《新英格兰报》上以笔名发表文章，并在其哥哥被关押时接管报纸。21 岁时，他在费城创立共读社，组织讨论时事，宣传启蒙思想，并在此基础上创办图书馆，撰写报刊文章，成为当时的著名作家。

在科学研究方面，他因电学理论和相关发明，成为美国启蒙时代和物理学史上的重要人物。他发明了避雷针、玻璃琴、双目眼镜、富兰克林壁炉、灵便导尿管等，并以此成名。

在电学方面，他发现了电荷守恒定律，提出正极和负极概念。在光波理论方面，他是同时代人中少数几个支持惠更斯光波理论的科学家。当时，牛顿的微粒论占主流，科学家无视光波论。直到 1803 年托马斯·杨的双缝实验，才让多数科学家注意惠更斯的波动论。在气象学方面，他提出了乌云并未顺着盛行风方向飘移，这一观点极大地影响了气象学。在实验方面，他以闪电风筝实验而闻名于世。在温度对导电性能影响方面，他对非导体加热导电效应有重大贡献。在海洋学上，他阐述了海锚、双体船外壳、水密舱、船体避雷针和能在风暴天气保持稳定的汤碗等理论或想法。在决策论方面，他提出了决策平衡表理论。

由于他的学术贡献，1753 年，英国皇家学会为表彰他而授予他科普利奖章。1756 年他成为 18 世纪为数不多的美国科学院院士。

值得说明的是，富兰克林还是一名出色的公务员和政治家。1754 年，他率领宾夕法尼亚州代表参加在纽约州举行的殖民地大会。1775 年，在费城参与起草美国《独立宣言》。1787 年，他出席了修改美国宪法的会议，成为唯一同时签署美国三项最重要法案文件——《独立宣言》《1783 年巴黎条约》和《1787 年美国宪法》的建国先贤。

欧拉

莱昂哈德·欧拉（Leonhard Euler，1707～1783），瑞士著名数学家、自然科学家，在数学和物理学的多个领域都有创造性贡献。

欧拉生于瑞士巴塞尔一个牧师家庭，自小受父亲影响较大。他特别喜欢数学，不满10岁就开始自学代数。1720年，他13岁时考入巴塞尔大学，得到数学家约翰·伯努利的精心指导。15岁时他大学毕业，16岁获得硕士学位，可谓是一位少年英才。

1727年，20岁的欧拉应圣彼得堡科学院的邀请到俄国做研究。1733年，年仅26岁的欧拉接替伯努利成为物理学教授。在俄国的14年中，他在分析学、数论和力学方面，做了大量出色的研究。1741年，受普鲁士腓特烈大帝的邀请，他来到柏林科学院工作，在这里待了25年。其间，他的研究工作涉及行星运动、刚体运动、热力学、弹道学、人口学等领域，而他在微分方程、曲面微分几何以及相关数学领域的研究，则都是开创性的。

作为18世纪数学界最杰出的人物之一，欧拉不但在数学上做出了杰出贡献，更把整个数学推至物理领域。他是数学史上最多产的数学家之一，平均每年写出八百多页的论文，还写了大量有关力学、分析学、几何学、变分法等的课本，《无穷小分析引论》《微分学原理》《积分学原理》等都成为数学中的经典著作。据统计，他一生写下了886本书和论文。圣彼得堡科学院为整理他的著作，前后忙碌了47年。19世纪伟大的数学家高斯曾说："研究欧拉的著作永远是了解数学的最好方法。"

欧拉对数学的研究如此广泛，在许多数学分支中，都可经常见到以他的名字命名的重要常数、公式和定理。从初等几何的欧拉线，多面体的欧拉定理，立体解析几何的欧拉变换公式，四次方程的欧拉解法，到数论中的欧拉函数，微分方程的柯西—欧拉方程，级数论的欧拉常数，变分学的欧拉—拉格朗日方程，复变函数的欧拉公式等，数不胜数。即使在他失明之后，还凭借记忆和心算，在学生和大儿子约翰·欧拉（数学家和物理学家）帮助下，顽强地继续坚持研究了17年。

此外，欧拉的工作还涉及建筑学、弹道学、航海学等领域。瑞士教育与研究国务秘书查尔斯·克莱伯曾表示："没有欧拉的众多科学发现，我们将过着完全不一样的生活。"法国数学家拉普拉斯则认为："读读欧拉，他是所有人的老师。"

歐拉

雖然不允許家們看透自然界本質的秘密從而認識現象的真實原因，但仍可能發生這樣的情況，一定的虛構假設足以解釋許多現象。數學家歐拉如是說

薛晓源寫

林奈

卡尔·冯·林奈（Carl von Linné，1707～1778），瑞典著名植物学家、动物学家和分类学家，以创立动植物双名命名法而留名青史。

林奈出生于瑞典的艾尔姆胡尔特市，其父亲爱好园艺，这对幼年的林奈影响很大。他曾说过："这个花园与母乳一起激发起我对植物不可抑制的挚爱。"在小学和中学时代，他就花费大量时间到野外采集植物标本，如痴如醉地广泛阅读植物学著作。

1727年，林奈进入隆德大学学习，随后又转学到乌普萨拉大学。在这里，他系统地学习了博物学及相关知识，并学习和掌握了采制生物标本的知识和方法。1735年，他周游欧洲各国，并在荷兰取得了医学博士学位。这一年，他出版了《自然系统》一书，其中首次提出了以植物的生殖器官进行分类的方法。

1738年，林奈回到瑞典。1741年他被乌普萨拉大学聘为植物学教授，潜心研究动植物分类。在此后20余年间，他一共发表了180多篇（部）科学论文和著作，特别是1753年出版的《植物种志》一书，收集了5938种植物，以他新创立的"双名命名法"对植物进行了统一的命名。

为纪念林奈，1788年英国博物学家詹姆斯·史密斯建立了伦敦林奈学会，他的手稿和搜集的动植物标本都保存在该学会里。在世界顶级学府之一——美国芝加哥大学，还设有林奈的全身雕像。瑞典政府为纪念林奈这位杰出的科学家，先后建立了林奈博物馆、林奈植物园等，并于1917年成立了林奈学会。林奈首先提出的界、纲、目、属、种的物种分类单元（他最初的分类中没有"门"和"科"分类单元），被科学界广泛采用。

林奈在生物学上的最重要贡献，是建立了人为分类体系和双名命名法。他撰写的《自然系统》一书，是人为分类体系的代表作。在林奈之前，由于没有统一的植物命名法则，各国学者都按自己的一套工作方法命名植物，致使植物学研究困难重重，在植物命名上出现的同物异名、异物同名现象非常严重。植物的学名冗长，加之文字和语言上的隔阂，使得资料整理、植物研究，尤其是学者之间的交流十分困难，严重地影响着生物科学研究的发展。林奈的贡献则使这些问题得以彻底解决。他创造性地提出的"双名命名法"达到了无所不包的程度，被人们誉称为"万有分类法"。这一伟大成就使林奈成为当之无愧的现代生物分类学奠基人。

卡尔·林奈

卡尔·林奈云：知识的第一步，就是要了解事物本身这意味着对客观事物要具有确切的理解通过有条理的分类和确切命名我们可以区分和认识客观物体分类和命名是科学的基础。薛晓源写

卡文迪许

亨利·卡文迪许（Henry Cavendish，1731～1810），英国著名物理学家、化学家，通常被誉为自牛顿之后英国最伟大的科学家。

卡文迪许出身于贵族家庭，两岁时母亲不幸去世。其父亲为英国皇家学会会员，在他幼年时直接教他识字读书。11岁时，他进入当时英国以管理严格、学生优秀著称的纽科姆学校学习。18岁时，他考入剑桥大学圣彼得学院攻读数学，但在即将通过考试拿到学位时却因故退学。之后，他便开始跟随父亲参加皇家学会会员聚会，并从事化学研究。1764年，他在皇家学会宣读了自己的第一篇论文，主题是关于盐的研究。1766年他发表了《三篇论文：包含对人工空气的实验》，这篇论文使他获得了著名的科普利奖章。在研究氢气和氧气反应时的体积比方面，他得出了2.02∶1的结论，这在当时属于了不起的成就。他相信燃素说，经过几百次实验，得出了空气中有20.833%的体积是脱燃素空气（现在的测量值是氧气约占20.95%）和79.167%的燃素空气。在拉瓦锡提出氧化说之后，他虽然赞成氧化说简洁明了，认为这有利于化学的发展，但仍不愿放弃自己坚持的燃素说。不过，随后他将自己的研究重点转向了物理学。

1777年，他向皇家学会提交的论文认为，电荷之间的作用力可能呈现与距离的平方成反比的关系，后来被库仑通过实验证实，成为库仑定律的一部分。他和法拉第共同主张电容器的电容会随着极板间的介质不同而变化，提出了电容率的概念，并推导出平行板电容器的公式。他第一个将电势概念应用于对电学现象的解释中，并提出电势与电流成正比的关系。这一关系在1827年被欧姆重新发现，称为欧姆定律。卡文迪许对电学的研究成果基本上都没有公开发表。后来经麦克斯韦对卡文迪许个人实验记录进行整理，于1879年出版《尊敬的亨利·卡文迪许的电学研究》后，他在电学研究上的重要成果，才终于被世人知晓，"卡文迪许实验室"也因此而名扬于世。

卡文迪许一向沉默寡言，生性不善交际。从乔治·威尔逊撰写的《卡文迪许传》看，他可能患有自闭症，喜欢独自思考，甚至很少和自己的仆人见面。他对没有研究透彻的成果从不发表，一生只提交过不足20篇论文，但他的贡献却获得了皇家学会成员的一致尊重。幸运的是，他父母给他留下了大量财富，使他可以专心从事科学研究，不用再去操心赚钱糊口之事。法国科学家让-巴蒂斯特·毕奥曾说过："卡文迪许是有学问的人中最富有的，也很有可能是富有的人中最有学问的。"

大文豪跋語

我認為科學家的時間應當最少而用在生活上。而應當最多用在科學上。卡文迪許先生如是說

壬寅薛曉源寫

库 仑

夏尔-奥古斯丁·德·库仑（Charles-Augustin de Coulomb，1736～1806），法国著名物理学家、军事工程师、土力学奠基人，以提出库仑定律而名垂青史。

库仑出生于法国昂古莱姆市，其父母是虔诚的基督教徒，因此他出生不久即参加了宗教洗礼仪式。少年时，他随父母迁居巴黎。大学时代，他在马萨林学院学习哲学、语言学和文学，同时学习数学、天文学和植物学等。后来，他又随家人迁居蒙彼利埃。正是在这个城市，他在蒙彼利埃科学学会的刊物上发表了自己平生第一篇论文。1760 年，他在巴黎参加皇家工程学院考试，取得优异成绩。毕业后，他进入军队服役，成为一名中尉工程师。1773 年，他响应法国科学院悬赏对航海中的指南针问题进行研究，由此他最终发现了磁核间相互作用的库仑磁定律。同时，他还提出了如何消除指南针摩擦力的方法。由于其巨大贡献，1777 年他获得法国科学院一笔奖金。

在库仑提出的磁作用力被使用很长时间后，由于奥斯特、法拉第发现了磁和电的关系，这个定律就不再使用，但这项发现为库仑电荷定律提供了巨大的研究平台。他在深入研究两个电荷之间的作用力基础上，根据牛顿万有引力定律等进行大胆猜测，提出两电荷之间的相互作用力，与两电荷间距离的平方成反比，且与两电荷电量的乘积成正比，即库仑定律，结果被实验证实。库仑定律是电学发展史上的第一个定量规律，电学研究从此由定性进入定量阶段，是电学史上一个重要的里程碑。为纪念库仑的重大功绩，电荷的单位用他的名字命名。

在 66 岁那年，库仑被任命为法国教育部总督学。但因他身体状况欠佳，在担任总督学四年左右时间后，于 1806 年在巴黎因病逝世。

1889 年，为庆祝法国大革命 100 周年而建立的埃菲尔铁塔上，镌刻了法国 72 名为人类文明的发展做出巨大贡献的学者，库仑正是其中之一。

库仑

法国物理学家库仑提出从库仑定律是电学发展上的第一个定量规律。
薛晓源写

拉格朗日

约瑟夫·拉格朗日（Joseph Lagrange，1736～1813），意大利裔法国籍著名数学家、力学家和天文学家。

拉格朗日出生于意大利都灵一个普通家庭，在幼年时，他并不喜欢数学。大约从17岁开始，他才迷上了数学分析。18岁那年，他撰写了第一篇意大利语的数学论文，寄给了数学家法尼亚诺，并用拉丁语写出，寄给在柏林的欧拉。但到当年8月，他得知了这一成果早在半个世纪前，就已被莱布尼茨取得了。对此，他不但没有灰心，相反因自己独立地重新发现了这一成果而高兴，并转而开始研究变分极值问题，并于1755年8月12日再次将结果寄给欧拉。此时，欧拉是普鲁士科学院数学部主任，他在给拉格朗日的回信中说，这一项研究工作极有价值。这一成果使拉格朗日在都灵出了名。

1762年，法国科学院放出1764年悬赏征文，要求用万有引力解释月球天平动问题。拉格朗日的研究成果在这一征文活动中获奖。1765年，他成功地运用微分方程理论和近似解法，研究了法国科学院提出的一个复杂的六体问题，即木星的四个卫星的运动问题，再次获奖。

1766年，拉格朗日受邀前往柏林，接替了欧拉离开后空出的职位。在这里，他深得国王赏识。其任务是每月宣读一篇论文，且总是在开始撰写前就已想好题目，打好腹稿，提笔后一气呵成。这些论文通常在《科学院文献》以及《柏林科学院新文献》上发表。1783年，他的故乡都灵成立了都灵科学院，他被任命为名誉院长。

除数学成果外，他还完成了《分析力学》一书，这是继牛顿的《自然哲学的数学原理》之后又一部重要的经典力学著作。其中，他运用变分原理和分析方法，建立起一套完整和谐的力学体系，使力学分析化。

拉格朗日曾为普鲁士的腓特烈大帝在柏林工作了20年，被腓特烈大帝称为"欧洲最伟大的数学家"。后来，他又接受法国国王路易十六的邀请，定居在巴黎，直至去世。拉格朗日一生才华横溢，在数学、物理和天文学等诸多领域，他都做出了很多重大贡献。他最突出的贡献，是在使数学分析的基础脱离几何与力学方面起了决定性的作用，使数学的独立性更为清楚，而不仅是其他学科的工具。同时，在使天文学力学化、力学分析化上，他也起到了历史性的作用，促使力学和天文学（天体力学）得到更深入的发展。

拉格朗日

一座高耸在数
学界,仰人玉字塔。
拿破仑如是评价
拉格朗日。
　薛晓源敬写

拉瓦锡

安托万-洛朗·德·拉瓦锡（Antoine-Laurent de Lavoisier，1743～1794），法国著名化学家，被后世尊称为"近代化学之父"。

拉瓦锡出生于巴黎一个律师家庭，5岁时母亲过世给他留下一大笔财产。在大学时期，家人期望他学习法律，日后成为一名律师，而他本人则对自然科学更感兴趣。1761年，遵从家人意愿，他进入巴黎大学法学院学习，并在1764年获得了律师资格。但在课余时间，他继续钻研自然科学，从鲁埃尔那里接受了系统的化学教育和对燃素说的怀疑。大学毕业后，他作为地理学家盖塔的助手，从1776年至1783年的七年间，他参与了采集法国矿产、绘制第一份法国地图的工作。在此过程中，他研究了生石膏与熟石膏之间的转变，同年参加了法国科学院关于城市照明问题的征文活动，获得奖项。1768年，年仅25岁的拉瓦锡成为法国科学院院士。

1770年，拉瓦锡把蒸馏水密封加热了543天，以实验驳斥了所谓四元素说，即认为水长时间加热会生成土类物质。为解释"燃烧"现象，17世纪的德国医生贝歇尔提出了燃素说，认为物质在空气中燃烧，是物质失去燃素，空气得到燃素的过程。这一解释得到很多化学家的赞成。但燃素说始终无法解释金属燃烧之后变重的问题。从1772年秋季开始，拉瓦锡着手研究硫、锡和铅在空气中燃烧的现象。他设计了著名的"钟罩实验"，即将被实验物密封在真空容器中加热，结果发现，铅在真空密封容器中加热后质量不变，而打开容器后质量迅速增加。尽管这一实验现象与燃素说支持者看到的结果是一样的，但拉瓦锡却对之提出了另一种解释，即认为物质的燃烧是可燃物与空气中某种物质结合的结果，这就可以同时解释燃烧需要空气和金属燃烧后质量变重的问题。但是，此时他仍然无法确定是哪一种空气组分与可燃物结合。经长时间实验之后，直到1777年和1778年，他才分别在《燃烧概论》和《酸性概论》中，正式提出并阐释了自己的氧化说，认为燃烧是物质和空气中约占五分之一的氧气反应的结果。

1787年之后，拉瓦锡与贝托莱等人合作，设计了一套简洁的化学命名法，并在1787年《化学命名法》中正式提出这一命名系统。其中许多原则，加上后来瑞典化学家柏济力阿斯的符号系统，形成了至今沿用的化学命名体系，使不同语言背景的化学家可以顺利交流。随后，他总结大量定量实验结果，证实了质量守恒定律。并基于氧化说和质量守恒定律，于1789年出版了《化学基础论》。这是一部集他的观点之大成的教科书，甫

拉瓦锡

人的兴趣有多种多样，兴趣之于不同的人有不同的价值，而且干任何事要想成功都需要一定的兴趣。拉瓦锡如是说。薛晓源写

一出版，即轰动了世界化学界。到 1795 年前后，欧洲大陆化学界已基本全部接受了拉瓦锡的化学理论。

拉瓦锡对化学的最大贡献是，使化学从定性转为定量，给出了氧与氢的命名，并且预测了硅的存在。他帮助建立了公制。不仅提出了"元素"的定义，并且他根据这一定义，于 1789 年发表了第一个现代化学元素列表，列出 33 种元素。他促使 18 世纪的化学更加物理化及数学化。他提出规范的化学命名法，撰写了第一部真正的现代化学教科书《化学基础论》。他倡导并改进定量分析方法并用其验证了质量守恒定律。他创立氧化说以解释燃烧等实验现象，指出动物的呼吸实质上是缓慢的氧化。这些划时代贡献使他成为历史上最伟大的化学家之一。

但不幸的是，在法国大革命中，1794 年 5 月 8 日，拉瓦锡和其他 27 个税务官被送上断头台而死。拉格朗日怜惜道："他们只在一瞬间就砍下了这颗头，但再过一百年也找不到像他那样杰出的脑袋了。"

拉普拉斯

皮埃尔-西蒙·拉普拉斯（Pierre-Simon Laplace，1749～1827），法国著名天文学家和数学家。他以提出星云假说、"拉普拉斯妖"和笃信机械的因果决定论而著称于科学和哲学界。

1749年，拉普拉斯出生于诺曼底一个小康之家。在卡昂大学艺术系学习时，他便显露出极高的数学天赋，毕业后曾到巴黎一家军事学校讲授过数学。

他在数学方面的主要贡献，一是用数学方法证明了行星的轨道大小具有周期性变化，这就是著名的拉普拉斯定理。二是提出了拉普拉斯变换和拉普拉斯方程。这些数学工具直到现在仍在数学物理各个分支中被广泛地应用。

在天文学和物理学方面，他的贡献主要是撰写了《宇宙系统论》，这是一部名垂千古的杰作。在这一部著作中，他独立于康德，提出了第一个太阳系形成与演化理论——星云说。与康德从哲学角度提出星云说不同，他是从数学和力学角度阐述星云说，因此其二人的学说常被合称为"康德—拉普拉斯星云说"。同时，他还是最早推测黑洞的存在和引力坍缩概念的科学家之一。

在他于1799年出版的巨著《天体力学》头两卷中，他论述了行星运动、行星形态和潮汐理论，首创了"天体力学"这一名称。1802年他出版了该书第三卷，提出了摄动理论。1805年出版了第四卷，提出了木星四颗卫星的运动及三体问题的特殊解。1825年他又出版了第五卷，补充了前几卷的内容。由于这部巨著的出版，他被誉为法国的牛顿。据传，当拿破仑看到这一部著作时问拉普拉斯，你为何不在书中提到上帝，拉普拉斯回答说："陛下，我不需要那个假设。"当拿破仑将这句话告诉著名科学家拉格朗日时，后者却说："这是个好假设！它可以解释许多事情。"

由于在诸多方面有巨大学术贡献，他不仅当选法国科学院院士，还当选英、美、瑞典、荷兰等国科学院院士。1806年他被授予法兰西第一帝国的伯爵，1817年被授予侯爵。他与拉格朗日、勒让德三人并称为当时法国数学界三个著名人物。因为他们三个的姓氏中第一个字母均为"L"，也被称为法国"三L"之一。作为72位法国著名科学家和工程师之一，他的名字也被镌刻在埃菲尔铁塔上。

詹 纳

爱德华·詹纳（Edward Jenner，1749～1823），英国著名医生和科学家，以研究和推广牛痘接种、预防天花而闻名于世，被后人誉为"免疫学之父"。

1749年，詹纳生于英国格洛斯特郡贝克利镇一个牧师家庭，早年在家乡读书。后来，他前往伦敦，跟随一位外科医生学习解剖和外科手术。1773年，他返回家乡成为一名成功的家庭医生和外科医生。1792年，基于其20年的从医实践，他在圣安德鲁斯大学获得医学博士学位。

18世纪的欧洲，天花病肆虐，罹患此病死亡者无数。据有关专家估计，当时欧洲死于天花的人数高达6000万以上，甚至有人估计为1.5亿人以上。即使有幸存者，其中仍有10%～15%的人，终生留有严重的后遗症。其他各洲，如北美洲、亚洲和其他地区，患天花病者也不在少数。人们为预防天花做过多种努力和尝试。

詹纳在听到一个民间传闻后，即一个人只要曾经染上过牛痘就不会再染上天花，随即展开调研，加以确证。通过调研他发现，挤牛奶的女工多数都曾感染过牛痘，而她们后来的确很少有人患上天花病。由此他猜想，牛痘可能对天花有免疫作用。于是，在1796年5月14日，詹纳进行牛痘试验。他给一名叫詹姆斯·菲普斯的8岁男孩接种了牛痘。男孩染上牛痘后，6星期内康复。之后，他又给这个男孩接种了天花，结果这个男孩完全没有受感染。这便证明了牛痘确实能使人体对天花产生免疫。

詹纳把他的方法称为"预防接种"。1798年，他出版了关于预防接种办法的名著——《关于牛痘预防接种的原因与后果》。难能可贵的是，他大公无私地把他发明的接种方法无偿地奉献给世界，无意从中谋取个人利益。他只希望有朝一日天花在地球上绝迹。皇天不负有心人。在全球各国共同努力下，182年后的1980年，天花病终于从地球上消失，他的美好梦想终成现实。

在詹纳之前，人们一般采用以人痘接种法预防天花，这一方法在中国、印度和非洲流传多年。但这种方法风险高、成功率低。而詹纳发明的牛痘接种术安全性高，且效果显著，因而逐渐被各国采用，不知拯救了多少人的宝贵生命。在詹纳的工作之后，路易·巴斯德、罗伯特·科赫等人，采用詹纳的方法，针对其他疾病而寻求治疗和免疫的方法，取得重大进展，造福了整个人类。

除发明牛痘接种外，詹纳还是一位对大自然观察入微的科学家。大杜鹃的雏鸟会把寄主的卵或雏鸟推出巢外，亦是最先由詹纳描述并公开发表的。因为这项观察，詹纳被英国皇家学会在1789年推选为会员。1823年初爱德华·詹纳在伯克利因病逝世，享年74岁。

道尔顿

约翰·道尔顿（John Dalton，1766～1844），英国著名化学家和物理学家，以提出原子论而闻名于科学界。

道尔顿生于英国坎伯兰郡一个工人家庭。幸运的是，在他上学的学校里一位富裕的老师鲁宾逊很喜欢道尔顿，允许他阅读自己的图书和期刊。1781年他到肯德尔一所学校任教，此时他有幸结识了盲人哲学家约翰·高夫，并在他的帮助下，自学了拉丁文、希腊文、法文、数学和自然哲学等。

1793～1799年，他在曼彻斯特新学院任数学和自然哲学教授。原子论被世人接受以后，道尔顿名震英国和整个欧洲。1816年，他当选法国科学院院士。1817年任曼彻斯特文学哲学学会会长。1828年，他当选英国皇家学会会员。此后他又相继被选为柏林科学院名誉院士、慕尼黑科学院名誉院士等，还得到了当时牛津大学授予科学家的最高荣誉——法学博士称号。

在荣誉面前，道尔顿一开始是冷静和谦虚的。但后来他逐渐变得骄傲、保守和思想僵化，在晚年时，他拒绝接受盖-吕萨克的气体化合体积定律，坚持采用自己的原子量数值，而不接受已经被精确测量的数据。

道尔顿一生宣读和发表过116篇论文，主要著作有《化学哲学的新体系》两册。其主要科学成就是创立了原子论。1803年，他在继承古希腊朴素原子论和牛顿微粒说的基础上，提出了原子论。他最先从事测定原子量的工作，提出用相对比较的办法求取各元素的原子量，并发表了第一张原子量表，这为后来测定元素原子量的工作开辟了光辉的前景。道尔顿的原子论是继拉瓦锡的氧化说之后，理论化学的又一次重大进步。他揭示了一切化学现象的本质都是原子运动，明确了化学的研究对象，对化学真正成为一门学科具有重要意义。在哲学思想上，原子论揭示了化学反应的现象与本质的关系，继天体演化学说诞生以来，又一次冲击了当时僵化的自然观，对科学方法论的发展、辩证自然观的形成等，也具有重要意义。

道尔顿患有色盲症，这种病的症状引起了他的好奇心。他通过深入研究这个课题，最终发表了第一篇有关色盲的论文。后人为了纪念他，又把色盲症叫作道尔顿症。

道尔顿终身未婚，把毕生精力都献给了科学事业。他在生活穷困的条件下，仍坚持科学研究。在欧洲一些著名科学家呼吁下，英国政府给予了他养老金等资助，但他把这些钱积累起来，捐献给了曼彻斯特大学，用作学生的奖学金。

傅里叶

约瑟夫·傅里叶（Joseph Fourier，1768～1830），法国著名数学家、物理学家，提出傅里叶级数，并将其应用于热传导理论与振动理论，傅里叶变换以他命名，被认为是温室效应的发现者。

1768年，傅里叶出生于法国欧塞尔，幼年时父母双亡，很小即被送入天主教本笃会接受教育。大学在巴黎高等师范学校学习，毕业后在军队中讲授数学。1795年，他被聘为巴黎高等师范学校教师，后又被巴黎综合理工学院聘为教授。

1798年，傅里叶跟随拿破仑东征，曾担任下埃及的总督。1801年，拿破仑远征军失败后，他被任命为伊泽尔省长官。1809年被封为男爵。1816年，他回到巴黎，六年后当选科学院秘书，1822年他出版了《热的解析理论》一书。1830年5月16日他病逝于巴黎，享年62岁。

傅里叶不仅在数学上做出了贡献，而且在物理学上也做出了贡献。从数学上看，傅里叶声明，一个变量的任意函数，不论是否连续，都可展开为正弦函数的级数，而这个正弦函数的参数为变量的倍数。虽然这个结果是不正确的，傅里叶却正确地察觉到，有些不连续函数是无穷级数的总和。这一觉察是个重大的数学突破。傅里叶级数在数论、组合数学、信号处理、概率论、统计学、密码学、声学、光学等领域都有着广泛的应用。

从物理上看，傅里叶做出的贡献是，提出了方程两边必须具有相同量纲的概念，意即当方程两边的量纲匹配时，方程才会正确。因此，他在量纲分析上有重要贡献。其另一贡献是，他提出了关于热能传导扩散的偏微分方程。

1820年，傅里叶计算出，一个物体，如果有地球那样的大小，以及到太阳的距离和地球一样，如果只考虑太阳辐射的加热效应，那么，这个物体应该比地球实际的温度更冷。为此，他试图寻找其他热源。最终他提出，星际辐射或许占了其他热源的一大部分，但他也考虑到了另一种可能性：地球大气层可能是一种隔热体。人们广泛认为，这是现在广为人知的"温室效应"的首次提出。

由于傅里叶在数学和物理学上的贡献，他当选法国科学院院士、英国皇家学会会员，同时他的名字也被刻在埃菲尔铁塔上，成为72位法国著名科学家与工程师中的一员。

居维叶

乔治·居维叶（Georges Cuvier，1769～1832），法国著名博物学家、比较解剖学家与动物学家，被世人誉为"古生物学之父"。

居维叶出生于法国蒙贝利亚尔一个富裕家庭，10岁时进入当地一所文理中学学习，在数学、历史和地理成绩方面名列前茅。此间，他读到了康拉德·格斯纳的名著《动物史》，此书激发了他对博物学的浓厚兴趣。他还经常去一个亲戚家借阅布丰的巨著《博物志》，贪婪地阅读，到12岁时，他就已"熟悉各种飞禽走兽，成为一流的博物学者"。大学时代，他在斯图加特的卡洛琳学院度过四年学习生涯。大学毕业后，因经济原因他做了一段时间的家庭教师。此间，他有幸地结识了隐居在那里的著名农学家亨利·亚历山大·泰西。泰西在信中向巴黎的同事们介绍了居维叶，夸赞说"我刚刚在诺曼底的山坡上找到了一颗珍珠"。自此，居维叶便开始与几位科学前沿的博物学家通信，并被邀请前往巴黎。1795年春，26岁的居维叶成为巴黎植物园比较解剖学会会长让-克劳德·梅特鲁德的助理。

此后，居维叶在博物学研究上突飞猛进，成果累累。1795年法兰西学会成立时，他被选为科学院院士。次年，他开始在巴黎综合理工学院任教。1796年，他发表了两篇具有开创性意义的古生物学论文，比较了现存大象和灭绝大象的差异，并介绍了发现于南美洲的大地懒化石，成为古生物学研究和比较解剖学发展史上的转折点。1799年，他受聘担任法兰西公学院博物学教授。1802年，他成为巴黎植物园的名誉教授，同年被任命为该植物园顾问。1806年，他成为英国皇家学会外籍会员，1812年又成为瑞典皇家科学院外籍院士。同年，他成为荷兰皇家科学院的通讯院士，1827年成为正式院士。1822年，他当选美国人文与科学院外籍荣誉院士。

居维叶的研究为脊椎动物古生物学打下了良好基础。他扩展了林奈的分类法，在纲之上设立了门，并将化石和动物也纳入了分类系统。他也是最早确认了生物灭绝的生物学家，因此，他成为19世纪初灾变论学说最具影响力的支持者。

居维叶也以强烈反对进化论而闻名。在达尔文进化论提出之前，进化论的主要支持者为拉马克和圣伊莱尔，在当时，他们认为一种生物会逐渐演变成另一种生物。而居维叶则认为支持进化的证据不足，他更倾向于灾变说，基于他当时对大量化石的观察和对动物解剖学及生理学的理解，他认定物种一旦形成就不再变化。因此，他和圣伊莱尔进行了一场著名辩论，这场辩论主要围绕动物的结构究竟是由于功能还是形态学决定的而展开。他认为，生物体的解剖结构的任何变化，都会使其无法生存。居维叶发现典型物种总是在化石地层中突然出现，在灭绝前都不会有大的变化。基于此现象，他提出地球每隔一段时间（非固定时间）就会发生一次重大灾难，而许多生物会在灾难中灭绝。这一观点也被引申为灭绝理论，在当时并不为人所接受，但后来的研究表明居维叶的观点是成立的。

1819年，波旁王朝授予他终身贵族，以纪念他的科学贡献。此后，他被人称为居维叶男爵。1832年他因感染霍乱在巴黎不幸病逝。作为法国著名的科学家，他的名字也被刻在埃菲尔铁塔上，为埃菲尔铁塔上著名的72位名人之一。

居维叶

生物学家居维叶云：无可辩驳的是，我们之前，世界被某种灾难毁灭了。薛晓源写

洪 堡

亚历山大·冯·洪堡（Alexander von Humboldt，1769～1859），德国科学家和博物学家，现代地理学和地球物理学的主要创始人之一，也是世界上第一个大学地理系——柏林大学地理系的第一任系主任。他的哥哥是柏林洪堡大学创立者威廉·冯·洪堡。

他出生在柏林附近的一个富裕家庭，从小接受了良好的教育，在私人教师启发下，很早就对探险旅行产生了浓厚兴趣。大学时代，他在哥廷根大学读书。此间，他就游历了英国，并于归途中在巴黎停留了一段时间。

27岁那年，洪堡从父母那里继承了一笔可观的遗产。从此，他没有了经济上的后顾之忧，次年他辞去了在矿业部门的职位，准备到南美洲去进行科学考察。1799年，他到达了南美洲。在这片广阔的土地上，他旅行探险了五年时间，在奥里诺科河上划船行驶了2000多里。他尽可能多地采集各种动植物标本，还攀登厄瓜多尔的钦博拉索山至5700余米，创造了新的登山最高纪录，这使他在整个欧洲一举成名，归来时受到了英雄般的欢迎。

后来，他迁居巴黎，开始撰写一部长达36卷的巨著，其中详细记录了这段非凡的科学探险时光。几年后，他又开始计划到亚洲进行科考，但因亚洲当时政局不稳，他便改变了主意，从1822年起游历意大利和英国，并在这次旅行中撰写了大量游记。到1827年，他耗尽了从父母那里继承的遗产，因生计所迫，不得不到普鲁士国王弗里德里希·威廉三世治下谋职。

此时，他在柏林大学开设了一个著名的讲座——"宇宙"。不过，两年之后，即1829年，他按捺不住他那颗外出科考的心，又一次毅然决然地开启了新的科学考察旅程：穿越整个俄罗斯，行程达15000公里，直达中国边境。此行使他有一项意外收获，这就是获得了一颗钻石——这是在热带地区以外发现的首颗钻石。

从1834年起，洪堡开始将自己以"宇宙"为主题的讲演稿整理成书出版，书名叫作《宇宙：物质世界概要》。这部著作共计5卷，前4卷出版后即洛阳纸贵，轰动了当时的科学界。而第5卷则是在他1859年5月6日去世后才得以出版。

洪堡一生的科学活动涉及领域极其广泛，但主要为地理学、地质学、地球物理学、气象学和生物学等。他的主要科学贡献有：首创等温线、等压线概念，绘出世界等温线图，指出气候不仅受纬度影响，而且与海拔高度、离海远近、风向等诸因素有关；研究

了气候带分布、温度垂直递减率、大陆东西岸的温度差异性,论述气候同植物分布的水平分异和垂直分异的关系,得出了植物形态随高度变化而变化的结论;根据植被景观的不同,将世界分成了16区,确立了植物区系的概念,创建了植物地理学;首次绘制了地形剖面图,进行地质、地理研究;指出火山分布与地下裂隙的关系;认识到地层愈深温度愈高的现象;发现美洲、欧洲、亚洲在地质上的相似性;根据地磁测量得出地磁强度从极地向赤道递减的规律;根据海水物理性质的研究,用图解法说明洋流;发现秘鲁寒流(又名洪堡寒流)。此外,他还促进了沸点高度计的发明和山地测量学的发展。

　　总之,洪堡的科学成就和著作推动了现代自然科学的发展,在世界上产生了很大影响。为纪念洪堡,德国成立了洪堡基金会,资助世界各国的自然科学研究。

安 培

安德烈-马里·安培（André-Marie Ampère，1775～1836），法国著名物理学家、数学家，经典电磁学创始人之一。为纪念他的贡献，国际单位制中电流的单位"安培"即是以他的姓氏命名的。

安培出生于启蒙时代的里昂，在那里他度过童年和青少年时期。其父亲是富商，推崇卢梭的思想，因此他早期接受的教育以卢梭的著作《爱弥儿》为基础。卢梭认为，男孩子不应当接受传统的学校教育，而应当"直接从自然中获得教育"。所以，安培从小在自家图书馆里自学。从12岁时起，他开始学习数学和科学。13岁时，他完成了平生第一篇数学论文，可谓少年早熟型的科学家。

1802年，安培被任命为布尔格中央理工大学物理和化学教授。1809年，他被巴黎综合理工学院任命为数学教授，直到1828年。其间，1819年和1820年，他分别在巴黎大学讲授哲学和天文学。1824年他当选法兰西公学院实验物理学主席。从1820年9月开始，受丹麦物理学家奥斯特发现电流的磁效应的影响，他开始建立描述电磁关系的物理理论与数学方程。为了进行定量研究，他设计了一个检流计，以指针的偏转检测电流的方向，并测定电流的大小。1826年，他提出载流导线中的电流与其产生的磁场之间的关系，即著名的安培定律。此后，他又出版了代表作《电动力学现象的数学理论》，由此"电动力学"一词出现。麦克斯韦曾称赞安培的工作是"科学上最光辉的成就之一"，还把安培称为"电学中的牛顿"。1827年，安培当选英国皇家学会外籍会员，一年后又当选瑞典皇家科学院外籍院士。埃菲尔铁塔上镌刻的72个法国科学家、工程师等著名人士的名字中，安培是其中之一。

安培的一生，既有受富商父亲呵护的幸福童年，也因父亲抵制新的政治浪潮，于1793年被雅各宾派送上断头台的沉重打击，以及个人两次不幸婚姻的打击，以致他晚年患上了抑郁症等疾病。在61岁时，他的身体已很虚弱，但法兰西公学院要求他前往马赛任职。抵达马赛后，他的健康状况进一步恶化。1836年6月10日病逝于马赛，被安葬在当地圣查尔斯公墓。

安培

物理定律不能單靠思維來獲得,還應接收力觀察和實驗。安德烈·安培如是說,辟叱源敬寫

阿伏伽德罗

阿梅代奥·阿伏伽德罗（Amedeo Avogadro，1776～1856），意大利著名化学家，以提出分子论而闻名。

阿伏伽德罗出生于意大利都灵一个地位显赫的家庭，父亲曾担任萨伏伊王国的最高法院法官。父亲期望他子承父业，因此他中学毕业后即进入都灵大学攻读法律，于1796年获法学学位，并开始从事律师工作。但是在三四年后，他开始对数学和物理学感兴趣，并潜心进行研究。由于他的科学成就，1804年，他被都灵科学院选为通讯院士。1809年，他又被聘为维切利皇家学院的物理学教授，1819年当选都灵科学院院士。

阿伏伽德罗在化学上的重大贡献是1811年提出的分子假说：他首先引入"分子"概念，并把它同"原子"概念相区别，指出原子是参加化学反应的最小粒子，分子是能独立存在的最小粒子。单质的分子是由相同元素的原子组成的，化合物的分子则是由不同元素的原子所组成。同体积的气体，在相同的温度和压力下，含有相同数目的分子。这一假说现在被称为阿伏伽德罗定律。他还反对当时流行的气体由单原子构成的观点，认为氮气、氧气、氢气都是由两个原子组成的气体分子。而这一观点同当时化学界权威、瑞典化学家贝采利乌斯的电化学理论不一致，后者认为，同种原子是不可能结合在一起的。因此，英、德、法的科学家当时都不接受阿伏伽德罗的假说。直到50多年后的1864年，德国化学家洛塔尔·迈尔出版的《近代化学理论》承认他的理论，才使许多科学家了解并接受了阿伏伽德罗假说。现在这一定律已为全世界科学家所公认。阿伏伽德罗常数是1摩尔物质所含的分子数，其数值是6.02×10^{23}左右，这已是自然科学中重要的基本常数之一。

遗憾的是，在大多数化学家承认阿伏伽德罗的学说时，他本人已逝去，未能亲眼看见自己学说的胜利。作为第一个认识到物质由分子组成、分子由原子组成的人，他未能在有生之年得到应有的承认和荣誉。但他的分子假说却奠定了原子—分子论的基础，促使道尔顿的原子论发展成为原子—分子假说，从而极大地推动了物理、化学的发展，对现代科学产生了深远影响。

值得赞许的是，阿伏伽德罗一生一直埋头于科学研究领域默默耕耘，他的成果虽长期得不到化学界承认，甚至遭到反对，但他从不气馁，坚持不懈，终身从事化学研究，并从这些研究中获得了极大的乐趣。这种"不问收获，但行耕耘"的精神值得敬仰。

阿伏加德罗

同体积空气体，在相同的温度和压力下，含有相同数目的分子。阿伏加德罗如是说。

辟晓源写

高 斯

卡尔·弗里德里希·高斯（Carl Friedrich Gauss，1777～1855），德国著名数学家、物理学家，也是历史上最伟大的数学家之一，享有"数学王子"美誉。

高斯生于德国不伦瑞克，家境贫寒，其母近似于文盲，因此她甚至没记下高斯的出生日期，只记得他是在耶稣升天节的前8天（复活节后39天）出生的。高斯后来自己推算出他的出生日期。

在3岁时，聪颖的高斯即能做复杂的心算，能纠正父亲的账目差错。在9岁那年，他发明了一种小技巧，可快速计算等差求和。传说，一位数学老师要他计算从1到100这些自然数之和，而他很快算出了结果，令老师惊诧不已。在12岁时，他已开始怀疑《几何原本》中的基础证明。在16岁时，他就预测了在欧氏几何之外，必然会产生一门完全不同的几何学，即非欧几里得几何学。后来，他的学生黎曼成为非欧几何学的创始人之一。

高斯的小学老师比符纳及其助手马丁·巴尔特斯很早认识到了他的数学天赋，当时普鲁士元帅卡尔·威廉·斐迪南也对这个数学天才儿童留下了深刻的印象。他们从高斯14岁时起，就全额资助起他的学习和生活开销，这使高斯在1792年顺利地进入卡罗里纳姆学院，即今天的不伦瑞克工业大学前身学习，并最后在那里从事高等数学研究。后来，他独立地发现了二项式定理的一般形式、数论上的"二次互反律"、素数定理及算术—几何平均数。1795年，高斯转入哥廷根大学学习。1796年，19岁的高斯完成《正十七边形尺规作图之理论与方法》，成为数学史上第一位只用尺规作图成功画出正十七边形的人。1798年，他21岁时完成了他的巨作《算术研究》，并于1801年出版。终其一生，他在数学上多有贡献，完成了许多数学家梦寐以求而未能解决的数学难题。

但颇为令人诧异的是，高斯虽然作为数学家闻名于世，他本人却并不爱教书，不愿通过教学而培养自己的学生，不愿参加相关科学会议，不乐意与同行交流。他曾在个人日记里写道，有些重要的数学发现，他在几年前甚至几十年前就已做出来了，不过因他认为不甚成熟，故没有发表。然而，这并未影响他的学生成为后世有影响的数学家，例如，后来闻名于世的数学家理查德·戴德金和黎曼，就曾是得到他亲炙的高足。这些学生的数学成就也反衬出高斯的数学研究水平之高。

作为充满热情且工作认真的完美主义者，高斯拒绝发表任何他认为不完整和有瑕疵的作品。他的格言是:"宁可少些,但要好些。"数学历史学家埃里克·坦普尔·贝尔不无遗憾地说,假如高斯能及时发表他的研究成果,高等数学研究将会往前推进50年。他追求完美的极端性于如下事实可见一斑:他甚至不希望自己的任何一个儿子进入数学或科学领域,理由是唯恐他们"拉低了家族的名望"。

此外,他还不愿谈论他是如何通过直觉而做出这些数学发现的。他更喜欢认为,这些发现是"无中生有"的。为此,他还销毁了自己所有的手稿,不愿让人们看到他是如何发现这些数学原理的具体过程。实际上,通过直觉而做出科学发现的过程似乎是神秘的,难以言表。

除在数学方面的贡献外,高斯还用数学方法,测算出了小行星谷神星的运行轨迹,发表过《天体运动论》等著作。他还主导了汉诺威公国的大地测量工作,计算过100万个大地测量数据,撰写了近20篇大地测量论文。出于对实际应用的兴趣,高斯还发明了日光反射仪和强磁针,与威廉·韦伯一起,画出了世界第一张地球磁场图。

在78岁的一天,高斯因心脏病突发,在哥廷根天文台的躺椅上溘然驾鹤西去。

高斯

宁可少些,但要好些。二分之一个,证明等于零。卡尔·高斯先生如是说

薛晓源敬写

盖-吕萨克

约瑟夫·路易·盖-吕萨克（Joseph Louis Gay-Lussac，1778～1850），法国著名物理学家、化学家，以研究气体而闻名于世。

盖-吕萨克出生于法国上维埃纳省圣利奥纳德市，1797年考入巴黎高等理工学院学习，受到克劳德·贝托莱等化学家的影响，并得到了他们的赏识。1800年毕业后，他留校给贝托莱教授当助手。因他非常重视科学观察和实验，并总是认真地把实验数据及时记录下来，注重对这些实验数据做细致分析，故很受贝托莱器重。当时，贝托莱正在同另一名著名化学家约瑟夫·普鲁斯特围绕定比定律进行激烈争论。贝托莱让盖-吕萨克以实验事实来证明自己的观点，以给对方以驳斥。然而，盖-吕萨克经反复实验证明其导师的观点是错误的。当他略有犹豫地说"老师，是您错了"时，他的导师不禁露出会心的微笑，对盖-吕萨克说："我为您感到自豪。像您这样有才能的人，没有理由让您当助手，哪怕是给最伟大的科学家当助手。您的眼睛能发现真理，能洞察人们所不知的奥秘，而这一点却不是每一个人都能做到的。您应该独立地进行工作。从今天起，您可以进行您认为必要的任何实验。如果您愿意的话，请留在我的实验室工作吧。如果有一天，我能自称像您这样的研究者的导师的话，将十分高兴。"

可贵的是，他的老师不仅高度赞赏他的敏捷思维、高超的实验技巧和强烈的事业心，还无私地将自己的实验室让给他做实验，这对盖-吕萨克的早期研究工作有很大帮助。1805年，盖-吕萨克通过实验发现一体积的氧气和两体积的氢气燃烧会生成水。次年，他便当选为法国科学院院士。1809年他成为巴黎理工大学化学教授。1808～1832年兼任巴黎大学物理学教授。1818年，他担任法国政府的火药制造厂总监。1831年他被选为上维埃纳省的众议员，1839年进入参议院作议员。

长期的繁忙和危险的工作，加之潮湿的实验室环境，使他患上严重的关节炎。在晚年时，他的身体状况日益恶化，但他顽强地同病魔斗争，一直坚持不懈地做研究工作。1850年5月9日，这位著名的化学家在巴黎不幸病逝。

然而，盖-吕萨克实事求是地对其导师所说的"老师，是您错了"，不仅以自己的实际行为践行了亚里士多德的名言"吾爱吾师，但吾更爱真理"，而且他的老师贝托莱勇于承认错误的博大胸怀，也成为科学史上的佳话。

品薩亨

壬寅之夏薜旭源敬寫

戴 维

汉弗莱·戴维（Humphry Davy，1778～1829），英国著名化学家，电化学的开拓者之一，以首次发现和提纯多种元素而闻名科学界。

汉弗莱出生于英国康沃尔郡彭赞斯镇，父亲是一位木器雕刻匠。在6岁那年，他开始上学读书，因记忆力惊人，喜欢背诵诗歌、讲述故事，而在学校小有名气。中学时期，他喜欢将古典文学译成当代英语，还阅读了哲学家康德等人的哲学著作，并开始对做科学实验感兴趣。1794年，他父亲去世，因家庭经济原因，他不得不自谋生路，遂到当地一家药房做学徒。从此，他一边做医生的得力助手，一边潜心学习调制各种药物，经常用溶解、蒸馏方法配制药水和丸药，真正操作起化学实验仪器，这对后来一生的发展有重大影响。这个时期，他已开始自学拉瓦锡的《化学基础论》等著作，为自己积累相关的化学知识。

1801年，他通过了物理学家本杰明·汤普森、博物学家约瑟夫·班克斯和化学家兼物理学家亨利·卡文迪许的面试，被皇家研究所聘请，担任化学讲师兼管实验室工作。由于他具有丰富的知识和高超的实验技术，在到职后的六个星期就被晋升为副教授，并在第二年又被提升为教授。在学院举办的讲座上，他经常以超群的智力、非凡的口才、热情奔放的激情，获得出乎意料的成功。正是这些科学讲座，使他很快赢得了杰出讲演者的口碑，成为当时伦敦的知名人士。

1803年，他被选为英国皇家学会会员。1807年，他出任该学会秘书。1812年，他被封为爵士，同年出版了《化学哲学原理》。1813年他任命法拉第为他的助手，使这个贫穷的订书工逐渐成长为著名的科学家。这是他对科学事业的又一重要贡献。1820年，他被选为皇家学会会长。

汉弗莱·戴维曾对一氧化二氮进行了实验研究，曾不顾危险吸入这种"笑气"中毒。他这种勇于探索、敢于牺牲的科学精神，令人钦佩。

他曾说过："我的那些最重要的发现是受到失败的启示而作出的。"在他看来，"极其重要的第一条戒律就是：别让敌人把你吓坏了。"

汉弗莱·戴维

我们的那些最重要的发现是受到失败的启示而作出的。

汉弗莱·戴维 姬晓源写

欧 姆

格奥尔格·欧姆（Georg Ohm，1789～1854），德国著名物理学家和数学家，欧姆定律便是以他的名字命名的。

欧姆出生于德国埃朗根一个锁匠世家。他的一些兄弟姐妹在幼年时期死亡，只有三个孩子活下来，包括欧姆、弟弟马丁·欧姆（数学家）和姐姐伊丽莎白·芭芭拉。其母亲在他10岁时即撒手人寰。

在幼年时期，他父亲给他进行启蒙教育，使他学到了很多数学、物理、化学和哲学知识。在埃朗根高级中学接受中学教育时，因学习成绩优良，他15岁那年接受了埃朗根大学的一次测试，被校方认定，他在数学领域有异于常人的天赋。次年，他便进入埃朗根大学研习数学、物理和哲学等。但在这里，他并没有把精力放在学习上，而是在跳舞、滑冰和台球上花费了大量时间。因此，他被父亲送到瑞士去学习。在瑞士，他取得了一年时间的数学教师职务，一边教学，一边自学数学。22岁时，他又回到埃朗根，于1811年以论文《光线和色彩》获得了博士学位。此后，他先后在好几所中学任过教，因教学成就突出，1833年被任命为纽伦堡皇家综合技术学校教授，并从1839年起担任该校校长。从1849年起，他任教于慕尼黑工业大学，1852年成为该校实验物理学教授。

欧姆很早就对当时仍未受到普遍重视的电学产生了兴趣。他先是研究了当电线长度增加时，电磁力随之减小的现象，并基于实验结果，推导出二者之间的数学关系。随后，他从傅里叶对热传导规律的研究中受到启发，认为电流现象与热传导相似，最早猜想出现在所称的"电动势"。为了解决测量电流大小的难题，他巧妙地设计了电流扭秤，以磁针的偏转角来测定导线中电流的大小。最后，在1826年的两篇论文中，他建立了电传导的数学模型和表达式。随后，在1827年的《直流电路的数学研究》一书中，他完整地阐述了自己的电学理论，提出了电路分析中电流、电压及电阻之间的基本关系。

但遗憾的是，在他这一部极有创新性的著作发表后，却出人意料地受到冷遇。直到14年后的1841年，他的成果才被英国皇家学会承认，并给他颁发了科普利奖章。次年，他当选英国皇家学会外籍会员。1845年，他成为巴伐利亚科学院院士。

如今，欧姆发现的导体中的电流与电压成正比关系，与该导体的电阻成反比，即著名的欧姆定律，已成为人类的共同科学财富。他所证明的导体的电阻与其长度成正比，与其横截面积和传导系数成反比；以及在稳定电流的情况下，电荷不仅在导体的表面上，而且在导体的整个截面上运动等理论，成为电学理论中的基本理论。

因此，电阻的国际单位制"欧姆"以他的名字命名，名从其实。

柯 西

奥古斯丁-路易·柯西（Augustin-Louis Cauchy，1789～1857），法国著名数学家和物理学家，以定义了许多微积分学准则和引进极限概念而闻名于科学界。

柯西出生于高官家庭，其父亲路易·弗朗索瓦·柯西是法国波旁王朝的官员。由于家庭原因，柯西属于拥护波旁王朝的"正统派"，并且是虔诚的天主教徒。在其年龄很小的时候，他就受到法国化学家克劳德·贝托莱的影响，后者给他讲授数学和科学知识，使他从小就对科学和数学产生了浓厚兴趣。

大学时代，柯西进入巴黎综合理工学院学习，其在数学方面迅速崭露才华，受到了当时法国大数学家拉格朗日和拉普拉斯的赞赏，并预言柯西日后在数学上必成大器。1830年法国爆发七月革命，柯西因拒绝效忠新国王，自行离开了法国。大约十年后，他回国担任巴黎综合理工学院教授。在1848年，他又受聘到巴黎大学担任教授。

柯西一生撰写了789篇学术论文。这些研究成果被编辑成27卷的《柯西著作全集》，于1882年开始出版。其数学研究成果之多，在数学史上仅次于欧拉。他在数学上的最大贡献，是在微积分中引进了极限概念，并以极限为基础建立了逻辑清晰的分析体系。这是微积分学发展史上的重大里程碑，也是柯西对人类科学发展所做的巨大贡献。

在19世纪，微积分学的准则并不严格。柯西开展了数学严谨化的工作，一生定义了一系列微积分学的准则。其最为著名的著作是《代数分析教程》《无穷小分析教程概论》和《微积分在几何上的应用》等。他和马克劳林一起，重新发现了积分检验的方法，这一方法可用来测试无限级数是否收敛的问题。他在数学上的重要贡献主要体现在微积分学、复变函数和微分方程三个领域。有许多数学定理和公式以他的名字命名，如柯西积分定理、柯西积分公式、柯西分布、柯西等式、柯西数列、柯西方程、柯西问题、柯西边界条件、柯西面、柯西检验、柯西—施瓦茨不等式、柯西—黎曼方程、柯西—欧拉方程、柯西—比内公式等。

由于柯西在数学上的贡献，他先后当选美国人文与科学院院士、英国皇家学会外籍会员、法国科学院院士等。他的名字也被镌刻在了埃菲尔铁塔上。

柯

給我五個系數，
你將畫出一頭大
象；給你六個系
數，大象將會搖
動尾巴。奧古斯丁·
路易·柯西如是說
壬寅薛曉源寫

法拉第

迈克尔·法拉第（Michael Faraday，1791～1867），英国著名物理学家，在电磁学及电化学领域做出许多重要贡献。其主要科学贡献为对电磁感应、抗磁性、电解的理论阐释。虽然他并未受过正规教育，却成为历史上最有影响力的科学家之一和最优秀的实验家之一，实属难能可贵。

法拉第出生于英国伦敦，父亲是一位铁匠。因家境贫寒，上不起学，他便自学求取知识。14 岁那年，他到一位书本装订商及销售商那里做帮工。后来，他因工作勤奋，被老板接收为免费学徒工。此间，他大量地阅读各类书籍，逐渐产生了对科学的兴趣，尤其是对电学产生了浓厚兴趣。在 20 岁左右时，他时常去旁听英国皇家学会会长汉弗莱·戴维爵士和市立哲学协会创始者约翰·塔特姆所开设的科学讲座，并做了三百多页的笔记，这使他的科学研究兴趣和能力大为长进。后来，作为助手和仆人，他跟随戴维爵士在欧洲巡回演讲，由此有机会接触到欧洲的许多科学精英，并使他的科研能力得到极大提高。因此，当约翰·富勒在皇家研究所创立了富勒化学教授职位时，法拉第获选为第一任富勒化学教授。

1824 年，年仅 33 岁的法拉第当选皇家学会会员，并于次年被指派为实验室主任。1833 年，年仅 42 岁的他当选为皇家研究所终身职务。

法拉第的科学成就主要在电磁学方面。在前人基础上，他最早探索了电磁转动现象，制造了现称为"单极电动机"的装置。这些实验与发明成为现代电磁科技的基石。从 1825 年起，他开始研究光学玻璃。在历时六年实验毫无结果后，他又转向电磁研究。经过一系列实验，他发现了电磁感应现象，这是其一生最大的贡献之一。他向世人展示了"磁场的改变产生电场"的观念，并对电磁感应定律建立起数学模型，成为麦克斯韦方程组之一，后来这个方程组还被归纳进场论之中。依照电磁感应定律，法拉第还发明了早期的发电机，这成为现代发电机的始祖，这项发明为人类文明进入电气时代奠定了基础。

在晚年，法拉第提出电磁力不仅存在于导体中，更有可能会延伸到导体附近的空间中。虽然在他有生之年，这个想法并未得到世人承认，但后来却导致了电磁场概念的出现，进而对电力机械装置在 19 世纪的发展产生了重大影响，几乎主宰了整个 19 世纪的工程与工业界。1845 年，他发现了抗磁性现象，现在这个现象被称为"法拉第效应"。这个发现证明，光和磁力有内在的联系。

在化学研究方面,法拉第曾研究过氯气,发现了两种碳氯化合物:C_2Cl_6 和 C_2Cl_4。他还做实验研究过气体扩散现象,并成功地液化了多种气体。他发明的一种加热工具,成为本生灯的前身,在科学实验室里被广为采用,作为热能的来源。他发现了苯等化学物质,发明了氧化数。他还发现了电解定律,推广使用了许多专业用语,如阳极、阴极、电极及离子等。因此,许多现代化学家把他视为有史以来最出色的实验科学家之一。

另外,值得赞许的是,法拉第淡泊名利,他不仅推辞了封爵,并且两次拒绝担任皇家学会会长。在他逝世后,他被人们安葬在威斯敏斯特教堂中,其纪念碑立在艾萨克·牛顿墓旁——由此足见他在人们心目中的崇高地位。

当然,法拉第并非不珍重荣誉,但如他所说:"我不能说我不珍重荣誉,并且我承认它很有价值,不过我却从来不曾为追求荣誉而工作!"

李比希

尤斯图斯·冯·李比希（Justus von Liebig，1803～1873），德国著名化学家，以创立有机化学而闻名于世。作为大学教授，他发明了现代实验室导向的教学方法，被誉为历史上最伟大的化学教育家之一。他发现了氮对于植物生长的重要性，因此也被称为"肥料工业之父"。

李比希是一个化学品商人的儿子，从小对化学有浓厚的兴趣。16岁时，李比希开始在波恩大学学习化学，其才华开始展露。1821年，他跟随导师到埃朗根大学，做导师的实验助手。此间，他开始撰写博士论文《关于矿物化学与植物化学间的关系》，获得博士学位。1822年，在导师帮助下，他获得一份奖学金，因而得以前往巴黎索邦大学学习。在这里，他有幸结识了路易斯·盖-吕萨克等著名化学家，并获得了当时最先进的化学讲义。

由于他对醋酸汞（二价）的出色研究，引起了著名学者亚历山大·冯·洪堡的注意，后者推荐21岁的他，于1824年5月起担任吉森大学的特殊化学和药学编外教授。两年后，他便荣升为正式教授。因编外教授薪水低，为改善经济状况，他与其他教授一起，成立了一家私立药师和技术研究所，在业余时间培训药师助手和技术人员，以获得额外收入。

李比希的教学方法、科学发现和著作很快在整个欧洲受到关注。从1827年起，先后有塔林大学、哥廷根大学、圣彼得堡大学等六所著名大学争相聘任他，但都被他婉言谢绝。不过，他却借此机会向教育主管部门提条件，以改善自己的经济和工作条件。1840年，他当选英国皇家学会会员。1842年，他当选法国科学院院士。后来巴伐利亚国王马克西米利安二世致信聘请他，亲自接见，并给他提供优厚条件，于是在1852年，他便前往慕尼黑居住和工作。自1859年12月至他逝世，他一直担任巴伐利亚科学院主席。

李比希是19世纪最著名和最有成果的化学家之一，是有机化学、农业化学和营养生理学的奠基人。作为第一个将实验引入自然科学教学的人，他对后世化学教学和研究产生了巨大影响。他所改善的化学分析方法，使得化学成为一门精确的科学。在最早获得诺贝尔化学奖的60个人中，有42个是他的学生或学生的学生。值得指出的是，他的外籍学生回国后竞相仿效李比希在吉森大学的做法，建立了一批面向学生的教学实验室。这便使这种化学教育模式在全世界得以迅速推广，培养出众多著名的化学家，并形成了吉森—李比希学派，为世界化学发展做出了巨大贡献。

李竹斋

智慧和幻想對於家們的知識同樣是必要的它們在科學上也具有同等的地位李比希云薛听源

多普勒

克里斯蒂安·多普勒（Christian Doppler，1803～1853），奥地利著名数学家、物理学家，以提出"多普勒效应"而闻名于世。

多普勒出生于奥地利萨尔茨堡一个石匠家族。因为从小身体虚弱，他没有遵从当时的家庭传统习惯接管父亲的石匠生意，而是选择了他所喜爱的科学事业。在萨尔茨堡上完小学后，他进入林茨中学学习。中学毕业后，他先在萨尔茨堡大学学习哲学，后又赴帝国理工学院（今维也纳工业大学）学习高等数学、力学和天文学。1829年，他被任命为帝国理工学院高等数学和力学助理教授。1835年，他开始到布拉格理工学院工作，1841年，38岁的多普勒被任命为布拉格理工学院的数学教授。此间，因为他教学时对学生要求严格，曾被学生投诉考试过于严厉，遭到校方调查。但因他的科学成就突出，1850年，他被委任为维也纳大学实验物理研究所所长。不幸的是，由于他从小身体虚弱，加之繁重的教学和教务行政工作，在担任院长后，他的健康状况却每况愈下，于1853年在意大利威尼斯英年早逝，年仅49岁。著名遗传学家孟德尔在1851～1853年期间就读于维也纳大学，也曾受到了多普勒的影响。

多普勒提出多普勒效应的有关思想，首次出现在1842年发表的一篇论文中。他推导出，当观测者与波源发生相对运动时，所接收到的波的频率会发生变化。但这个变化，在当时根本没仪器能测量出来。从1845年起，便有人利用机械波来进行实验。他们让一些乐手在火车上演奏音乐，请另一些乐手在月台上写下火车逐渐接近和离开时听到的波长。结果，实验支持多普勒效应的存在。多普勒曾试图用此来解释双星的颜色变化。现在，这一效应应用广泛，可用于光学、天文学、气象学、医学诊断和日常生活等诸多方面。例如，利用这一效应，天文学家观察遥远星体的光谱红移现象，以此可推导出星体与地球的相对速度。警方利用雷达侦测车速等，也是利用了这一效应。美国天文学家哈勃所发现的天体红移现象，就是在多普勒效应的基础上完成的。

除光学以外，多普勒的研究范围还包括电磁学和天文学等。他曾设计和改良了许多实验仪器，例如光学仪器等。今天，世界上速度测量精度最高的仪器——激光多普勒测速仪，就是其典型代表。

多普勒才华横溢，创意无限，脑子里经常充满各种新奇的闪光点。特别值得强调的是，他不仅注重科学理论的创新，而且特别善于运用实验去证明自己的理论主张。

壬寅之夏薛曉源寫

安徒生

施莱登

马蒂亚斯·雅各布·施莱登（Matthias Jakob Schleiden，1804～1881），德国著名植物学家，现代细胞学说的创始人之一，以率先提出植物的细胞学说而闻名于世。

施莱登生于德国汉堡市一个医生家庭。中学毕业后，他于1824～1827年在海德堡大学攻读法律，并获得博士学位。之后，他回到家乡从事律师工作。但因其性格傲慢，脾气急躁，做事反复无常，这使得他的律师职业生涯很不顺畅，处处碰壁，精神长期处于忧郁状态，并于1831年某一天企图开枪自杀，幸未成功。不过，此举却导致他下定决心，果断放弃了这个令他苦恼不已的律师职业，于1833年重新进入大学攻读医学。他先是在哥廷根大学学医，后来又对植物学产生了浓厚兴趣，于是，他便转入柏林大学研习植物学，开始了对自然科学的研究。恰好那时他叔父——著名植物生理学家约翰·霍克尔和"布朗运动"的发现者罗伯特·布朗在柏林逗留，他们二人在发现他对植物学感兴趣后，便鼓励和建议他在植物胚胎学方面做深入研究。不料，这一研究方向的确定对施莱登一生的科学活动起了决定性的作用。

1837年，施莱登完成第一篇论文《论显花植物胚珠的发育史》，提出只有对植物发育史进行研究，才能获得对植物的正确认识，并初步揭示植物内在的规律性。他严厉抨击了林奈的信徒坚持的系统植物学，反对他们只是单纯地从事植物的采集、分类、鉴定、命名，而忽视对植物的结构、功能、受精、发育和生命史的考察与研究。他把植物学重新定义为一门综合性的科学，其中应包括植物化学和植物生理学。这些观点对植物学的发展产生了很大作用。

1838年，在布朗影响下，施莱登从事植物细胞的形成和作用的研究，这是他对细胞学说的初步探索。同年，他发表了代表作《植物发生论》，并以此为基础，提出了植物细胞学说：无论多么复杂的植物体，都是由细胞构成的，细胞是植物体的基本单位。在复杂的植物体内，细胞的生命现象有两重性：一是独立性，二是附属性。这两种属性是自然界"成形力量"的表现。

1838年10月，施莱登把《植物发生论》中尚未述及的细胞结构和细胞核在细胞发育中的重要作用告诉了动物学家施旺，为施旺最终创立细胞学说奠定了基础。这样，施莱登实际上已经把他的细胞学说的范围，从植物界扩大到了动物界。

1840年，施莱登被任命为耶拿大学植物学副教授。1842年，他出版了植物学教科书

《植物学概论》。从 1845 年第二版开始，他给此书加了一个副标题："作为归纳科学的植物学"。在这部著作中，他提出了一些新的生物学方法论，成为植物学研究的转折点。

1848 年，施莱登出版了一本畅销科普读物《植物及其生命》。此书内容生动、有趣，获得广泛好评，成为那个时代最成功的科普著作之一。但耶拿大学校方认为，撰写科普著作不应当是施莱登这样的学者所为，他应专心从事教学和科研。施莱登则坚持己见，因而与校方产生分歧，于 1862 年愤然辞职，从此过上漂泊不定的生活。同时，因他性格乖戾、孤僻和傲慢，不愿用批判的眼光看待和反思自己的观点，这使他同当时许多著名科学家和思想家一直处于辩论和争吵之中，受到学术界的诟病。

但不管怎样，施莱登率先提出并和施旺共同完成的细胞学说，论证了整个生物界在结构上的统一性，以及在进化上的共同起源，有力地推动了生物学的发展，被恩格斯评价为 19 世纪最重要的科学发现之一。

达尔文

查尔斯·达尔文（Charles Darwin，1809～1882），英国著名博物学家、地质学家和生物学家，以《物种起源》及其中提出的自然选择理论闻名于世。

达尔文出生于英国什罗普郡什鲁斯伯里市，其父亲是医生和金融家，家庭条件优越。8岁时，他开始在走读学校上学，对博物学和收藏产生了兴趣。同年，其母亲因病去世，他便与哥哥一起住进寄宿学校上学。

1825年，16岁的达尔文开始做学徒医生，帮助父亲给病人治疗。同时10月，他与哥哥一起进入当时英国最好的医学院——爱丁堡大学医学院学医。但他对医学讲座和做手术等医疗技术并无多大兴趣，却对约翰·埃德蒙斯通的动物学讲座极感兴趣，并跟随他学习如何制作动物标本。在大学二年级时，他加入了以研究博物学为主题的普林尼学会，并积极协助罗伯特·埃德蒙特·格兰特教授，对无脊椎动物进行解剖学和生活史研究，在此期间他还初步了解了拉马克的进化论思想。

在发现达尔文对医学专业没兴趣后，他父亲送他到剑桥大学基督学院攻读文学学士学位，这是成为圣公会乡村牧师的第一步。然而在这里，他却仍然对昆虫学等动物学知识感兴趣，并将他的一些发现发表在《英国昆虫图志》中。随后，他成为植物学教授约翰·史蒂文斯·亨斯洛的密友和追随者。同时，他还认识了其他一些博物学家，并阅读了大量的博物学著作，如研读了约翰·赫舍尔的新著《自然哲学研究的初步论述》。此书描述了自然哲学的最高目标，这就是通过基于观察的归纳推理来理解自然规律。受到该书的启发，达尔文计划在毕业后与一些同学一起，到热带地区开展博物学研究，收集植物标本等。

1831年8月29日，达尔文收到了亨斯洛教授的一封信。正是这封信真正改变了达尔文的命运。信中说，如果他愿意，他就可作为博物学家，与"小猎犬号"的船长罗伯特·菲茨罗伊一起进行一次远征，以绘制南美洲的海岸线。此次航行于1831年12月27日启航，持续了将近五年时间。

在这次航行的大部分时间里，达尔文都是在陆地上勘察地质状况和收集动植物标本。他仔细地记录下自己的观察和理论推测，每隔一段时间，就把收集到的标本寄回剑桥大学，并附上信件，包括给家人的日记。他的大部分笔记都是关于海洋无脊椎动物的记录。

通过对收集来的大量标本进行研究，加之他长期的思考和猜想，1837年1月，达尔

達爾文

丁酉薛元濤敬寫

文向伦敦地质学会宣读了他的第一篇论文。次年2月，他当选为地质学会理事。1838年2月，他的日记和《叙事》第一卷出版。这一年，他把自己的理论称为"自然选择"学说。1839年1月24日，他当选为英国皇家学会会员。后来，他根据自然选择理论框架继续深入研究，于1839年5月出版了《达尔文的日记和评论》，结果好评如潮。1856年5月，他开始撰写关于物种的一本大书——《自然选择》，其中包括他的"关于人类的笔记"，之后他一直在完善相关内容，并最终于1859年以《物种起源》为书名由约翰·默里出版社出版。

达尔文在这部著作中提出的进化论思想成为一场影响广泛的进化思想运动。尽管有强大的反对意见，到19世纪末，大多数科学家都已接受了进化论思想。不过，只有少数人支持他关于进化的机制主要是自然选择的主张。他1882年逝世于伦敦，被葬于威斯敏斯特教堂，其坟墓靠近约翰·赫歇尔和艾萨克·牛顿。

物竞天择，适者生存——达尔文提出的这一思想不仅在生物学上有重大影响，而且影响了人类的全部思想和文化。他所提出的自然选择是进化的基本机制的思想，也为后来的群体遗传学和现代综合进化论奠定了基础。

施 旺

泰奥多尔·施旺（Theodor Schwann，1810～1882），德国著名动物学家，现代细胞学创始人之一，"新陈代谢"一词的创造者。

施旺生于德国诺伊斯一个金匠家庭，从小对宗教有强烈的兴趣。在16岁时，他辞别故乡，进入科隆一家耶稣教会学院学习宗教。在学习中，他窥探到了人与自然的奇特现象，领悟到自然界和人类的发展呈现为一个自身逐渐完美的过程。为了印证他的这一感受，他毅然离开了教会学院，到大学中去学习医学。1834年，他在柏林大学取得了医学学位。随后，他跟随约翰内斯·米勒教授作助教，并与其一同研究，直到1838年他移居比利时。在比利时，他先在卢万大学做研究工作，后来又到列日大学担任解剖学教授，直到他离开这个世界。

在柏林学习和工作期间，1837年的某一天，他有幸与施莱登邂逅。在一次聚会上，一向高傲的施莱登却主动向他"泄密"，告诉了他有关植物细胞结构和细胞核作用的相关知识。这些知识对施旺后来提出完整的细胞学说无疑具有重大意义和作用。

1836年，施旺发现了胃蛋白酶，这是一项重大发现。而他一生最重要的贡献，则是在施莱登的植物细胞理论基础上提出了完整的细胞学说。这主要体现在1839年他发表的《关于动植物的结构和生长的一致性的显微研究》一文中。在这篇论文里，他指出动物和植物都是由细胞构成的。植物细胞和动物细胞一样，都含有细胞膜、细胞内容物和细胞核。由此，生物学上的细胞学说可谓问世了。需说明的是，虽在1838～1839年间施莱登和施旺提出了细胞学说，但直到1858年，这一学说才得以逐步完善起来。

尽管施旺提出的细胞学说得到了科学界的认可，他在发酵研究方面的结果却受到当时的化学权威人士如李比希和弗里德里希·维勒的粗暴批评。这也导致施旺在德国没能找到合适的教职。于是，他被迫无奈离开了德国，到比利时的大学中担任解剖学教授。后来，相继有8所德国著名大学以优渥的待遇邀请他回国任教，都被他一一回绝。他宁愿选择在宁静的异国他乡度过余生，也不愿回国任教。所幸的是，到19世纪60年代，当巴斯德的研究结果公之于众后，最终证明施旺的研究成果是正确的，而李比希等人对他的攻击并不符合科学事实。

菲旺

所有的細胞都來源於先前存在的細胞。
泰奧多爾·旃旺先生如是說
薛曉源寫

克洛德·贝尔纳

克洛德·贝尔纳（Claude Bernard，1813～1878），法国著名生理学家，以定义"内环境"而被人称为"最伟大的科学家之一"。他是首倡用双盲实验确保科学观察客观性的科学家之一，也是法国唯一一位死后享受国葬的生理学家。

贝尔纳出生于法国罗讷省圣于连郊外的一个小村庄，其父母是葡萄园工人。小时候，他在当地一所教会学校读书，学习成绩一般。19岁时，他到里昂附近一位药商处做学徒。正是在那里的药剂学工作经历，使他对临床医学和药物产生了怀疑。尽管如此，在尝试过做轻松喜剧和戏剧作家不成功后，他还是怀着复杂的心情开始在巴黎学习医学。

1839年，贝尔纳获得著名医生和生理学家弗朗索瓦·麦根迪的同意，在主宫医院当实习医生。这位教授很快注意到，贝尔纳在活体解剖实验方面极有天赋，遂吸收他为自己的助手。在1855年麦根迪去世后，贝尔纳作为法兰西学院的医学教授接了他的班。

贝尔纳经常举办讲座，热衷于向听众介绍生理学的最新进展，特别是讲授他自己的最新研究进展。他常说："要展示正在做的科学，而非已经做过了的科学。"这些讲座吸引了来自世界各地的杰出科学家，他的演讲稿由学院作为系列教程陆续出版。

1843年，贝尔纳在其博士论文中提出，唾液和胃液中含有能消化食物成分的酶。几年后，他在用狗和兔子所做的实验中推断出胰液起到了消化和皂化脂肪的作用，并联合胆汁乳化作用，导致脂肪能被小肠壁所吸收。1848年，贝尔纳发现，血糖水平是不依赖于食物吸收而保持恒定的。他推断，肝脏含有一种特殊的"生糖原"物质。同年，他在肝脏中发现了"动物淀粉"（糖原）。他还意识到，生命的燃烧过程是一个非常复杂的过程，包含很多步骤和许多特殊的酶。凭借这一推断，贝尔纳领会了能量代谢的基本原理。

"内环境"是贝尔纳关于生命所必需条件的思想核心。贝尔纳指出"内环境的稳定是生命自由且独立存活的条件"。这一概念后来被美国生理学家沃尔特·加农发展为"内稳态"。

因贝尔纳在生物学方面的突出贡献，他获得了很多荣誉，包括被授予法国荣誉军团勋章、当选帝国参议员及法国科学院院士，还担任了法国科学院院长。

从总体上说，西方医学的发展可概括为两个阶段：传统经验医学阶段和现代实验医学阶段。现代医学以其无与伦比的科学性，成为世界医学的主流，引导着医学发展的方向。而在传统医学向现代医学转型的过程中，贝尔纳起到了不可忽视的作用。

焦耳

詹姆斯·普雷斯科特·焦耳（James Prescott Joule，1818～1889），英国著名物理学家，他发现了热和功之间的转换关系，并对能量守恒定律的发现有重要贡献。

焦耳出生于曼彻斯特，父亲是富有的酿酒师。在幼年时期，他因身体虚弱一直在家庭学校里就读。1834年，16岁的焦耳与其哥哥本杰明一起，投身到道尔顿门下学习算术和几何学，此间他对电学发生了浓厚兴趣。1835年，他进入曼彻斯特大学，毕业后开始参与经营自家的啤酒厂。做科学研究一开始只是焦耳的业余爱好，直到他开始研究以电动机代替啤酒厂的蒸汽机的可行性时，才真正全身心地投入科学研究之中。1838年，他的第一篇电学论文发表在《电学年鉴》上。1840年，他提出了焦耳定律的公式。

后来，他开始专注于思考能量的可转换性。1843年，他宣布了自己的实验结果，提出了热效应是因导体本身发热所造成的，而不是从其他装置传来的热量引起的。对当时占主导地位的热质说而言，这个结论无疑是直接的挑战。热质说认为，热量既不能被创造，也不能被销毁。自拉瓦锡于1783年提出这个学说后，它一直是热学领域中的主导性理论。因此，焦耳在英国科学协会的一次会议上提出自己的理论观点时，迎来与会者一片沉默。不过，焦耳虽遭到同行冷遇，仍不屈不挠地继续研究，开始寻找一种纯机械方法来显示功和热之间的转化。当他的有关论文被皇家学会拒绝发表时，他不得不在《哲学杂志》上发表。当然，那个时代的科学和哲学之间的界限，还不像后来这样泾渭分明。

1847年，焦耳在牛津的一次学术会议作了一个报告。听众中有乔治·斯托克斯、迈克尔·法拉第和威廉·汤姆森（即后来的开尔文男爵）。斯托克斯听后"倾向于成为一个焦耳主义者"，法拉第则被焦耳的发现所震惊，虽然他仍然心怀疑虑，而开尔文则被焦耳的理论观点迷住了，虽然也仍有所怀疑。但是后来，正是焦耳和开尔文在1852年至1856年的持续合作研究，才使他们最终得出了焦耳—汤姆森效应的结论。这个成果的发表，使得焦耳的研究和分子运动论被学界广为接受。

在半个多世纪的学术生涯中，焦耳获得了诸多荣誉和头衔。其中包括英国皇家学会成员，皇家奖章和科普利奖章，英国科学协会主席等。而国际单位制中能量的单位之一——焦耳，就是以他的名字命名的。

孟德尔

格雷戈尔·约翰·孟德尔（Gregor Johann Mendel，1822～1884），奥地利著名生物学家，现代遗传学创始人。

孟德尔出生于布吕恩（今捷克布尔诺），童年时做过园丁。1840年，他从特罗保的预科学校毕业后，进入帕拉茨基大学哲学学院学习。1843年，因家庭贫困而被迫辍学，同年10月他到圣托马斯修道院做了修士。1847年，25岁的他被任命为神父。1849年，他到茨纳伊姆中学任希腊文和数学代课老师。1851～1853年间，他在维也纳大学学习物理、化学、动物学、植物学和数学等，毕业后重回修道院工作。1854年，他被委派到布吕恩技术学校任物理学和植物学老师，在那里工作了14年。1884年他因病逝世，享年62岁。

孟德尔一生的主要科学贡献，是通过多年研究豌豆而发现了植物遗传的一些规律。豌豆通常是自花授粉的，但孟德尔第一个人工地将高植株与矮植株进行杂交，获得了只产生高植株的种子。当这种种子自花受精时，它产生的高植株和矮植株数量之比接近3∶1。这样产生的矮植株总是繁育同样的后代，但是三个高植株中只有一个如此，其他两个仍是以三与一的比例生出高和矮的植株来。

孟德尔把他的实验结果解释为，每一植株都具有两个决定高度性状的因子。高的因子是显性，而矮的因子是隐性，因此杂交后第一代的植株全都是高的。当这一代自花受精后，这些因子在子代中排列可以是两个高因子在一起，或者两个矮因子在一起，或者一高一矮，一矮一高。前两种组合将会繁育出与自身相同的后代，而后面的两种组合则将以三与一之比生出高的或矮的植物来。孟德尔的研究支持了耐格里提出的遗传的颗粒说，但是，当他把这个研究结果送给耐格里时，后者并未重视，因为他认为这些发现是"依靠经验的而不是依靠理智的"。

1865年，孟德尔在布吕恩自然科学研究协会上报告了他的研究结果。1866年，他又在该会会刊上发表了题为《植物杂交试验》的论文。在这篇论文中，他提出了遗传因子（现称基因）、显性性状、隐性性状等重要概念，并阐明了遗传规律，后人称之为孟德尔定律（包括基因的分离定律及基因的自由组合定律）。

但遗憾的是，孟德尔的这些发现当时并未受到学术界的重视。直到1900年，孟德尔定律经由3位植物学家——荷兰的德弗里斯、德国的科伦斯和奥地利的切尔马克——通过各自的工作分别予以证实后，这一定律才成为近代遗传学的基础。从此，孟德尔被公认为遗传学的奠基人，而这时已经距孟德尔去世16年之久了。

孟德爾云：我需要三件東西：愛情、友誼和圖書。然而這三者之間何其相通！熾熱的愛情可以充實圖書，圖書的內容又是人們最忠實的朋友。薛旭源寫

巴斯德

路易·巴斯德（Louis Pasteur，1822～1895），法国著名微生物学家、化学家，以开创微生物生理学而闻名于世。

1822年，巴斯德出生于法国东部裘拉省的洛尔镇，父亲是退伍军人，母亲是农家女。1843年8月，他考入巴黎高等师范学院，攻读化学和物理学。1846年，24岁的巴斯德从巴黎高等师范学院毕业，并通过了物理教师资格考试。26岁那年，他进入化学家巴莱的实验室当助手，并成为博士班的研究生。一年后，他便获得了理学博士学位，并留在这里担任物理和化学课的教学工作。此间，他逐渐地明确自己想成为一名化学家。

从1848年开始，巴斯德对当时方兴未艾的晶体研究产生兴趣。一开始，他选择的研究课题是酒石酸和类酒石酸之间的不同。这两种分子式相同的化合物具有截然不同的光学特性，对此很多化学家都不知其所以然。他直觉地认为，它们结晶的结构有可能不同。于是，他通过大胆假设和小心求证，通过实验证实了他的猜想。

1854年9月，巴斯德被任命为新创立的里尔大学化学教授兼总务长。此间，为解决当地葡萄酒变酸的难题，通过反复实验，他终于找到一种简便有效的方法：把酒放在五六十度的环境里，保持半小时，就可杀死酒里的乳酸杆菌，这就是著名的"巴氏灭菌法"（又称低温灭菌法）。迄今，这一方法仍在世界各地使用，巴氏灭菌牛奶就是用这种方法进行消毒的。难能可贵的是，对巴氏灭菌法，他没有申请专利，而是把它公开了。他认为，利用研究结果获利乃是学者的耻辱。这种信念，巴斯德终其一生都没有改变。1867年5月，在万国博览会上，他因巴氏灭菌法的成就而获得了杰出奖，同时他也被聘为索邦大学的化学教授。

受达尔文《物种起源》的启示，巴斯德通过实验证明，生命不是自然发生的，而是长期进化的产物。这一发现也使人们了解到，腐烂和疾病的传染都是细菌在作祟。由此，消毒与预防的方法在世界医学界便盛行起来。

巴斯德一生研究了微生物的类型、习性、营养、繁殖和作用等，把微生物的研究主题，从主要研究微生物的形态转移到研究微生物的生理途径上来，从而奠定了工业微生物学和医学微生物学的基础，并开创了微生物生理学。因此，他被世人称颂为"进入科学王国的最完美无缺的人"。他不仅在理论上是天才，还是个善于解决实际问题的人。

华莱士

阿尔弗雷德·拉塞尔·华莱士（Alfred Russel Wallace，1823～1913），英国著名博物学家、探险家、地理学家、人类学家与生物学家，因独自提出了"自然选择"理论而声名卓著，并促使达尔文出版了自己的进化论学说。

华莱士出生于威尔士一个中产阶级家庭。1836年因家庭发生变故而被迫辍学，但他从小挚爱生物学，一直没有停止这方面的思考。1848年，他与朋友、昆虫学家亨利·贝茨一起动身，前往亚马孙雨林进行野外考察，并以收集、贩卖动植物标本来赚取生活费。

华莱士是和达尔文几乎同时提出自然选择理论的科学家，但他选择的研究对象和途径，以及所得出的研究结论，与达尔文似乎完全不同。华莱士把整个地球当作自己的研究对象，这使他的结论似乎和达尔文完全相反。如果说达尔文的进化论为我们描绘了一个弱肉强食、充满竞争的世界，华莱士则指出这种竞争机制最终却导致了大多数物种相互合作。在他的笔下，地球是一个和谐的统一体，空气、水、土壤和生命一样，都是整个地球生态系统的一部分，彼此之间不是相互竞争，而是相互利用的关系。

但是，华莱士的命运同达尔文完全不可同日而语。达尔文在环球旅行回到英国时已经名满英国，后来又誉满全球。他的学说尽管也有不少反对者，但总的说来，他的进化学说被大多数科学家所接受，官方也给予他很高的荣誉。相比之下，华莱士在进化学说方面的贡献和名声则一直惨遭埋没，似乎他只是对进化论作了某种注解。当然，这也可能与他本人曾经支持招魂术和智能设计（即认为上帝设计了生命体）有关，与他支持唯心论和不是基督徒等也有关系。

现有研究表明，华莱士在达尔文刊登其研究成果之前，已得出了相同的结论。他于1854年动身前往新加坡，并对马来群岛开启了长达8年的考察，行程约2.3万公里。这使他提出了所谓"华莱士线"，即动物地理区划中东洋界与澳洲界的分界线，还独立地提出了"自然选择理论"。1858年7月1日，华莱士的论文和达尔文的论文被一同递交伦敦林奈学会。

种种情况表明，华莱士当时已是最卓越的科学家之一。在随后的50年间，他共撰写了700多篇文章及22部著作，并因在动植物地理分布研究方面做出的巨大贡献，获得了"生物地理学之父"的称号。

華萊士云：一個物種只有在為了生存而鬥爭時，才會變成另一個物種。壬寅之夏薛曉源敬寫

黎 曼

伯恩哈德·黎曼（Bernhard Riemann，1826～1866），德国著名数学家，黎曼几何学创始人，复变函数论创始人之一。

黎曼出生于德国汉诺威王国小镇丹嫩贝格，他从小就表现出非凡的数学才能，但却不善言辞，尤其是不愿意在公共场合讲话。1846年，遵照父亲意愿，黎曼进入了哥廷根大学神学院学习哲学和神学。其间，他旁听了一些数学讲座，遂对数学产生了浓厚兴趣。经父亲允许后，他改学数学。1847年春，黎曼转学到柏林大学，投入到著名数学教授雅可比、狄利克雷和雅各布-施泰纳门下学习。两年后他又返回哥廷根大学学习，并于1851年在这里获得博士学位。

1854年，黎曼做了第一次学术演讲，主题是"论作为几何的假设"，由此开创了黎曼几何，并为爱因斯坦的广义相对论提供了数学基础。1857年，他被聘为哥廷根大学编外教授，并在1859年狄利克雷教授逝世后，正式成为教授。同年，他发表了论文《论小于某给定值的素数的个数》，提出了黎曼假设。

黎曼是第一个建议用高于三维或四维描述物理现实的人。另外，他对偏微分方程及其在物理学上的应用有重大贡献。此外，他对物理学本身，如对热学、电磁非超距作用和激波理论等，也有重要贡献。

黎曼首先提出用复变函数论，特别是用 ζ 函数研究数论的新思想和新方法，开创了解析数论的新时期，并对单复变函数论的发展有深刻影响。因此，他被誉为世界数学史上最具独创精神的数学家之一。虽然其数学著作不多，但却异常深刻，极富于对新概念的创造与想象。因此，他的名字出现在黎曼 ζ 函数、黎曼积分、黎曼引理、黎曼流形、黎曼空间、黎曼映照定理、黎曼—希尔伯特问题、柯西—黎曼方程、黎曼思路回环矩阵等新概念中。他在数学上的研究工作直接影响了19世纪后半期的数学发展，许多杰出数学家通过重新论证黎曼断言的定理，在黎曼思想的影响下，使数学许多分支取得了辉煌成就。

黎曼留给后人的难题之一，乃是著名的黎曼猜想。这个猜测是希尔伯特在1900年提出的二十三个问题中的第八个问题。英国科学家爱丁顿爵士曾评价黎曼说："一个像黎曼这样的几何学者几乎可以预见到现实世界的更重要的特征。"著名数学家高斯评价黎曼"具有创造性的、活跃的、真正数学家的头脑，具有灿烂丰富的创造力"。

黎曼

黎曼具有創造性的、活躍而真正數學家的頭腦,具有燦爛豐富的創造力。大數學家高斯如是說 薛旭源寫

麦克斯韦

詹姆斯·克拉克·麦克斯韦（James Clerk Maxwell，1831～1879），英国著名物理学家，其最大功绩是提出了将电、磁、光统归为电磁场现象的麦克斯韦方程组。他在电磁学领域的功绩实现了物理学自牛顿后的第二次统一。

麦克斯韦出生于爱丁堡，其父是律师，家境殷实。他自幼对世界充满好奇，对能运动、发光和发出声音的东西尤为好奇。

14岁时，他撰写了第一篇科学论文《卵形线》，并由爱丁堡大学自然哲学教授詹姆斯·大卫·福布斯呈示给爱丁堡皇家学会。16岁时，他进入爱丁堡大学就读，跟随一批名师学习逻辑学、形而上学、数学和自然哲学等，并利用空闲时间做科学实验，投入了大量精力研究偏振光，发现了光弹性现象，以此可确定物体中的应力分布。18岁时，他向爱丁堡皇家学会提交了《论弹性固体的平衡态》和《滚线》两篇论文，讨论了双折射现象等。1850年10月，19岁的麦克斯韦进入剑桥大学彼得学院学习，第一学期末又转入三一学院，并参加了一个在周末进行学术自由讨论的学生秘密精英社团——使徒协会。1851年11月，他开始在有"数学伯乐"之称的威廉·霍普金斯指导下学习数学。1854年在三一学院毕业考试中名列第二，仅次于爱德华·劳思，与劳思一起获得该年度史密斯奖。不久后，他向剑桥哲学学会宣读了他的论文《论曲面的弯曲变换》，这是其少有的一篇纯数学论文。1855年，他成为三一学院评议员，并开始讲授流体静力学和光学课程。1856年11月，他离开剑桥，到马歇尔学院担任教授，并担任系主任。此间，他花费两年时间，研究解释了土星环问题——在土星周围环绕，既未飘远，也不撞向土星。

1860年，他成为伦敦国王学院自然哲学教授。这是他职业生涯最高产的时期。他因研究色彩学，获得皇家学会的伦福德奖章，并于次年当选皇家学会会员。是年，他发表《论物理力线》，考察电场与磁场的性质，提出了解释电磁感应现象的理论模型和分子涡流理论。1862年更新时，他又增加了探讨静电场的性质和位移电流的内容，并探讨了后来被称为"法拉第效应"的偏振光现象。1871年，他成为首任卡文迪许教授，并被委任编辑整理卡文迪许遗留下的实验资料，这对人们了解卡文迪许的科学贡献发挥了重要作用。

不幸的是，1879年11月5日，他因胃癌在剑桥英年早逝，年仅48岁。

普遍认为，麦克斯韦是19世纪的物理学家中，对20世纪初物理学进展影响最为巨大的人。他的科学工作为狭义相对论和量子力学打下理论基础，是现代物理学的先驱。有观点认为，他对物理学的发展做出的贡献仅次于牛顿和爱因斯坦。在麦克斯韦百年诞辰时，爱因斯坦本人盛赞了麦克斯韦，称其对物理学做出了"自牛顿时代以来最深刻、最有成效的变革"。他的电磁方程为人类进入电气时代奠定了理论基础。

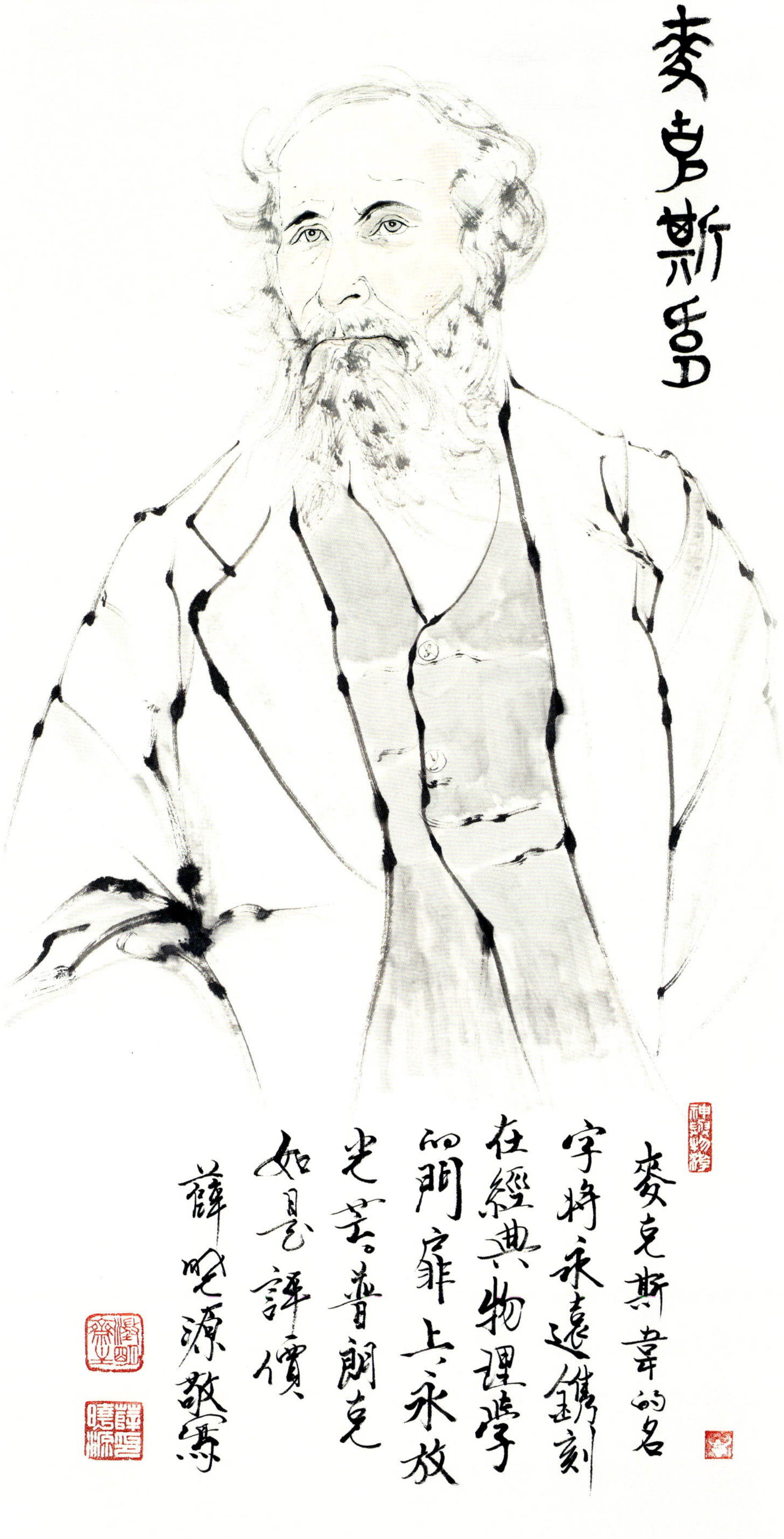
麦克斯韦
麥克斯韋的名
字將永遠鐫刻
在經典物理學
的門扉上永放
光芒普朗克
如是評價
薛曉源敬寫

门捷列夫

德米特里·伊凡诺维奇·门捷列夫（Dmitri Ivanovich Mendeleyev，1834～1907），俄国著名科学家，发现了化学元素周期性，依照原子量制作出元素周期表，并据以预见了一些尚未发现的元素。

门捷列夫出生于俄国西伯利亚的托博尔斯克市，13岁时其父去世，其母变卖家产，供他求学。大学时，他在圣彼得堡帝国大学（今圣彼得堡国立大学）就读，主攻物理和数学。1855年，门捷列夫以优异的成绩毕业时，不幸患上了肺结核，不得不到黑海边上的克里米亚半岛休养。然而，在休养期间，他竟然用两年时间修完了硕士课程，并于1857年被圣彼得堡帝国大学破格任命为化学讲师。

1858年至1861年间，门捷列夫被选拔去德国留学，在海德堡大学专门从事流体毛细现象和光谱仪制作的研究，回国后到圣彼得堡尼古拉耶夫斯基工程学院任教。1861年8月，他发表了一本关于光谱仪的著作，赢得好评。1863年，他受聘担任圣彼得堡国立科技大学教授。1865年，圣彼得堡帝国大学授予他博士学位，并聘请他为化学教授。

1869年是门捷列夫的高光时刻。这一年，他发现了元素周期律，制作了元素周期表。该周期表依据原子量的大小顺序排列元素，并将原子价相似的元素上下排成纵列，据此预见了12种尚未发现的元素。1870年，他出版《化学原理》一书，最先用周期规律的观点，系统地阐明了无机化学的基本原理。

由于门捷列夫取得的重大科学成就，1890年他当选为英国皇家学会外籍会员，并于1905年获得该学会的科普利奖章。1906年，诺贝尔化学奖委员会提名门捷列夫为当年的诺贝尔化学奖得主。但在瑞典皇家科学院大会上，有人提出用亨利·莫瓦桑替代门捷列夫，而科学院内颇具影响力的化学家阿伦尼乌斯也强烈反对提名门捷列夫，支持莫瓦桑，其理由是，发表元素周期表这项贡献对于1906年的诺贝尔奖来说太老了。而同时代人则认为，真实的原因可能是门捷列夫曾批评过阿伦尼乌斯的电离理论，阿伦尼乌斯伺机报复。最终，皇家科学院的大多数投票支持了莫瓦桑，门捷列夫则与诺奖失之交臂。次年（1907年）2月2日，门捷列夫因流感不幸逝世。

不过，学术界现在公认，门捷列夫是元素周期律的真正发现者。到1863年时，科学界已发现了56种化学元素，且平均每年都会有新元素被发现。但这些元素的性质显得杂乱无章，因此有一些科学家开始尝试将这些元素归类，按照其化学性质整理成周期表，

门捷列夫

天才就是这样，终生奋斗，便成天才。俄国化学家门捷列夫如是说

薛晓源写

可最终的成果都不尽理想。

门捷列夫的贡献则在于：一是他在《元素性质与原子量的关系》一文中首次提出了元素周期律的概念，并发表了第一张元素周期表；二是经仔细研究，对元素的原子量做审定之后，在1871年12月他又发表了第二张元素周期表。这个表更完备、更精确、更系统。更为神奇的是，他在周期表里为"未知元素"预留了空位，并依照这些未知元素应当具有的性质，给它们分别命名为类硼、类铝、类硅等。后来，这些元素中有11种被陆续发现，且这些元素的性质与门捷列夫的预言惊人地吻合，这表明他真正地掌握了元素周期律。因此，他的《化学原理》在19世纪后期和20世纪初，被国际化学界公认为标准著作，前后出版了八版，影响了一代又一代化学家。

科 赫

罗伯特·科赫（Robert Koch，1843～1910），德国著名医师兼微生物学家，细菌学始祖之一，学术界认为他堪与路易·巴斯德、费迪南德·科恩共享盛名，是伟大的细菌学家之一。

科赫出生于德国小城克劳斯塔尔，从小酷爱生物学。1862 年，科赫以科学和数学的高分成绩从中学毕业，进入哥廷根大学学习自然科学。三个学期后，他转向学医。在医学院学习的第五个学期，他参与了由雅各布·亨勒主持的肾神经结构研究。在第六个学期，他开始研究琥珀酸，并以此作为其毕业论文的主题。1866 年 1 月，科赫以优异成绩从医学院毕业。此后，他便跟随德国著名病理学家鲁道夫·菲尔绍学习化学技术。在普法战争间，他担任部队的医疗官。在治疗炭疽病的过程中，他通过长期观察，发现存在于土壤中的内生孢子是造成过去无法解释炭疽病大流行的罪魁祸首。这一发现于 1876 年发表，是人类首次发现微生物能致病的事实，现在人们称这种细菌为炭疽杆菌。

1880 年，科赫被任命为德国皇家卫生署中一名成员，专门研究传染性疾病的病因和管控方法。次年，他就积极提倡并宣导，外科手术工具应该施以高热消毒的措施。

为应对当时欧洲流行的可怕结核病，科赫抛弃当时普遍认为的结核病是遗传性疾病的传统观点，坚信结核病是由某种病原体引发的传染性疾病。经大量试验，1882 年 3 月，他借助染色和纯化技术，发现了结核病的病原体——结核杆菌，为 19 世纪的七大死因之一找到了元凶。为此，他的成就经常被人与巴斯德的成就相提并论。

1883 年，科赫在埃及亚历山大参与一个法国研究小组，专门研究霍乱。他独立于 1854 年意大利解剖学家菲利波·帕奇尼的研究，将造成霍乱的弧菌分离出来，并在不知前人已做出此项研究的情况下发表了这一研究成果。

从 1885 年起，科赫开始担任柏林大学医学院卫生学教授。1891 年，他受聘担任新成立的普鲁士皇家传染病研究所所长，直到 1904 年光荣退休。不过，他此后并未真正休息和安度晚年，而是开始环游世界，在南非、印度、爪哇岛等地继续进行医学研究。不幸的是，1910 年 5 月 27 日，他因心肌梗死于德国巴登逝世，享年 67 岁。

科赫的一生，不仅因其在结核病防治方面的突出贡献而获得 1905 年诺贝尔生理学或医学奖，而且他提出的新理念，即科赫氏法则，帮助许多疾病研究确认了病原体。为纪念他而设立的罗伯特·科赫奖，现在是德国医学最高奖。

祥瑞

人可以缺少金錢，但不能缺少志氣。
羅伯特·科赫如是說
壬寅年 薛曉源寫

玻尔兹曼

路德维希·玻尔兹曼（Ludwig Boltzmann，1844～1906），奥地利著名物理学家和哲学家，其最大功绩是发展了通过原子性质来解释预测物质物理性质的统计力学，并从统计概念出发，完美地阐释了热力学第二定律。

他出生于奥地利首都维也纳。在维也纳大学攻读物理学时，他有幸受到很多物理学名师的指点，于1866年获得理学博士学位，其学位论文的主题是分子运动论。此后，作为无俸讲师，他继续充当他的博士生导师约瑟夫·斯特藩教授的助手。1869年，在斯特藩教授的大力推荐下，25岁的他成为格拉茨大学数学物理学教授。1873年，他又成为维也纳大学数学教授，直到1876年为止。

1876年，玻尔兹曼从维也纳大学回到格拉茨大学，成为实验物理学教授。在这里，他度过了14年快乐的时光。正是在这里，他发展了对自然界的统计概念。1885年，他当选奥地利皇家科学院院士。1887年，他受命担任格拉茨大学校长。1888年，他被推选为瑞典皇家科学院院士。1890年，他受聘担任慕尼黑大学理论物理学教授。1893年，他继承导师约瑟夫·斯特藩教授的职位，成为维也纳大学理论物理学教授。

玻尔兹曼在物理学方面最重要的贡献是分子运动论。当时，多数物理学家并不相信原子和分子的真实存在。他们只是将原子和分子当作方便的理论模型，并不愿承认它们与实在有关联。所幸的是，在玻尔兹曼去世后数年，让·佩兰在爱因斯坦1905年的理论研究基础上，通过对胶体悬浮物的研究，测定了阿伏伽德罗常量和玻尔兹曼常数，这才向世界证明了原子和分子确实存在。难能可贵的是，玻尔兹曼还在分子运动论中发现了熵和微观状态的概率分布的对数关系，并提出了著名的玻尔兹曼熵公式。由此，热力学中的熵增原理得到统计学上的解释。

不幸的是，因晚年精神和身体状况欠佳，玻尔兹曼的情绪经常起伏不定，患上了抑郁症。1906年9月5日在度假期间，他因情绪失控而自缢身亡。他被安葬在维也纳中央公墓，墓碑上镌刻着标志其一生重要成就的玻尔兹曼熵公式：

$$S = k \log W$$

伦 琴

威廉·伦琴（Wilhelm Röntgen，1845～1923），德国著名物理学家，以发现伦琴射线而举世闻名。

1845年，伦琴出生于德国小城伦讷普。父亲是个小企业主，经营一家毛纺厂。作为独生子，小学时他在一家私立学校读书。17岁时，他进入乌德勒支一所技术实验学校学习，因被诬告画了一位老师的漫画，被学校不公正地开除。因为这一污点，他便不能顺利地进入大学学习，只能在1865年以旁听生身份进入乌德勒支大学，选修了哲学和几门自然科学课程。后来经面试，他进入苏黎世联邦理工学院学习机械工程。1869年，他以论文《气体的特性》，获得苏黎世大学哲学博士学位，并留校担任其导师奥古斯特·孔特的助教。

孔特将伦琴视为自己的得意门生，对其评价很高，认为其"在数学物理学方面具有丰富的知识和表现出了独立的创造才能"。

1895年，伦琴发现了X射线，当时的欧洲，物理学家们都在研究真空放电现象和阴极射线。伦琴在研究中发现，真空管通过高压电时，电子碰在管壁上，会发出蓝白色的荧光，而且玻璃管外也有荧光。他由此想到，或许这是一种肉眼不可见的未知射线。为使管内的可见光不漏出管外，他用黑色硬纸板把放电管严密封好。但在接上高压电流时，他发现1米以外的荧光屏发出微弱的浅绿色闪光，而一旦切断电源，闪光就立即消失。这一发现令他十分惊奇，随后又经过反复实验，终于确定了他偶然观察到的这一现象乃是确定的事实。由此，伦琴发现了X射线，为开创医疗影像技术铺平了道路。1901年他因此项发现而被授予诺贝尔物理学奖。这一发现不仅对医学诊断有重大影响，而且还直接影响了20世纪许多重大发现。为纪念伦琴的成就，在许多国家，X射线被称为伦琴射线。另外，第111号化学元素Rg（铊），也以伦琴的名字命名。

有趣的是，当他发现这种射线时，并不知道是什么射线，他便在给维尔茨堡物理学医学学会递交的报告《一种新的射线，初步报告》中，以未知符号"X"，给其取名为"X射线"。"X射线"的名称由此而来。

1896年，伦琴公布了自己的发现后，其轰动之巨大、反响之强烈、影响之迅速，在科学史上十分罕见。所有重要研究机构都开始仿造伦琴的实验设备，著名科学家威廉·汤姆森、斯托克斯、庞加莱、玻尔兹曼等都致信伦琴，赞扬他为科学做出的重大贡献。

难能可贵的是，他不仅把诺贝尔奖奖金全部捐献给了维尔茨堡大学物理研究所，而且谢绝贵族称号，也不申请专利，不谋求赞助，从而使 X 射线技术的应用迅速得到了普及和发展。同时，他一生谦虚谨慎，从不居功自傲。他深知，没有此前牛顿、富兰克林、安培、欧姆、法拉第、赫兹、克鲁克斯、雷纳德等 25 位科学家的前后相继努力，他不可能发现 X 射线。这表明，科学发现是科学家共同体集体努力的事业。

1923 年 2 月 10 日，这位伟大的科学家在慕尼黑逝世，享年 78 岁。

巴甫洛夫

伊万·巴甫洛夫（Ivan Pavlov，1849～1936），俄国生理学家、心理学家，高级神经活动学说的创始人，高级神经活动生理学的奠基人，条件反射理论的建构者，也是传统心理学领域之外对心理学发展影响最大的人物之一。1904年，巴甫洛夫因在消化系统生理学方面取得的开拓性成就，获得了诺贝尔生理学或医学奖，成为俄国第一个获得诺贝尔奖的科学家。

1849年，巴甫洛夫出生于俄国的梁赞，父亲是一位乡村牧师。他自幼养成做事负责的个性，并喜欢看书，阅读了大量家里的藏书。1860年他进入梁赞教会中学读书，1864年又进入梁赞教会神学院深造，准备将来子承父业做牧师或传教士。但后来由于受到达尔文进化论和新兴的生理学研究的影响，他对自然科学产生了浓厚兴趣，遂逐渐放弃学习神学，转而钻进了科学的殿堂。

1870年，21岁的巴甫洛夫和弟弟一起考入圣彼得堡帝国大学。当时伊万·谢切诺夫教授在这里讲授生理学，年轻的门捷列夫教授在这里讲授化学。在大学三年级时，他对生理学和实验产生了浓厚兴趣，从此全身心投入生理学研究，并因在动手做实验方面才华横溢，经常被邀请做教授的助手。1874年，他和同学阿法纳西耶夫完成了第一篇科学论文《论支配胰腺的神经》，并获得了研究金质奖章。

1875年，巴甫洛夫在获得了生理学学士学位后，进入外科医学学院攻读医学博士学位。1878年，应俄国著名临床医师波特金教授的邀请，他到其所在的医院主持生理实验工作。在这里，他深入研究了血液循环、消化生理、药理学等方面的问题，发现了胰腺的分泌神经，以及温血动物的心脏有一种特殊的营养性神经，可控制心跳的强弱。科学界人士现称这种神经为"巴甫洛夫神经"。由此，他开辟了生理学研究的一个新分支——神经营养学。

1887年后，巴甫洛夫逐渐将研究方向转向人体的消化系统。他把外科手术引向整个消化系统，彻底搞清了神经系统在调节整个消化过程中的主导作用。他所提出的条件反射学说，使他获得了1904年诺贝尔生理学或医学奖，成为第一个获得这一荣誉的俄国科学家，也是世界上第一个获诺贝尔奖的生理学家。

从1903年起，巴甫洛夫连续30多年致力于高级神经活动的研究。晚年的巴甫洛夫转向了精神病学的研究，认为人除了第一信号系统（即对外部世界直接影响的反应）外，

还有第二信号系统,即引起人的高级神经活动发生重大变化的语言。巴甫洛夫的第二信号系统学说,解释了人类所特有的思维生理基础。

巴甫洛夫在科学上的主要贡献:一是对心脏的神经功能做出了解释;二是揭示了消化腺的生理机制;三是提出了条件反射学说等。尤其是其提出的条件反射原理,为他赢得了广泛的国际声誉。

"巴甫洛夫很忙……巴甫洛夫正在死亡"——这话是巴甫洛夫在其生命的最后一刻,当有人敲门,想进来看他时,他对来人说的。因为此时他正向坐在身边的助手口授生命衰变的感觉,他要为自己一生至爱的科学事业留下他对生命的最后的感性材料。这种对科学事业的至爱,对生命的豁达,对死亡的超然、镇静、无畏态度,令人深深折服。

迈克尔逊

阿尔伯特·迈克尔逊（Albert Michelson，1852～1931），波兰裔美国物理学家，因研究光谱学和度量学而闻名。

迈克尔逊出生于普鲁士斯切尔诺（现属波兰）一个犹太商人家庭，4岁时随父母移居美国。1873年，他毕业于美国海军学院，1879年到华盛顿航海年历局工作。1880年，他去欧洲进修，先后在柏林、海德堡、巴黎等地受教于赫尔曼·亥姆霍兹等知名科学家。1882年他回到美国，受聘为克利夫兰凯斯应用科学学院物理学教授，1889年任克拉克大学物理学教授。1892年，芝加哥大学新建物理系，他被邀请担任第一任主任，直至1929年退休。其间，他曾担任美国科学促进协会主席、美国物理学会主席、美国国家科学院院长，还被选为法国科学院院士和英国皇家学会会员。1931年5月9日，他在测量光速的科学实验中，因突然脑出血而病逝于美国的帕萨迪纳。

迈克尔逊主要从事光学和光谱学方面的研究，他以毕生精力从事光速的精密测量。他发明了一种用以测定微小长度、折射率和光波波长的干涉仪（迈克尔逊干涉仪），在研究光谱线方面起着重要的作用。

在迈克尔逊干涉仪出现之前，人们认为光和一切电磁波必须借助于绝对静止的"以太"来传播，而"以太"是否存在以及是否具有静止的特性，在当时还是一个谜。有人试图测量地球对静止"以太"的运动所引起的"以太风"，以此来证明以太的存在和具有静止的特性，但由于仪器精度所限，遇到了困难。麦克斯韦曾于1879年写信给美国航海年历局的戴维·托德，建议用罗默的天文学方法研究这一问题。迈克尔逊知道这一情况后，决心设计出一种灵敏度提高到亿分之一的方法，测出与之有关的效应。

1881年，迈克尔逊在柏林大学亥姆霍兹实验室工作期间发明了高精度的迈克尔逊干涉仪，进行了著名的以太漂移实验。他认为，如果地球绕太阳公转相对于以太运动时，其平行于地球运动方向和垂直地球运动方向上，光通过相等距离所需时间不同，因此在仪器转动90度时，前后两次所产生的干涉必有0.04条条纹移动。但实验得出了否定结果。1884年，他和化学家爱德华·莫雷合作，提高了干涉仪的灵敏度，但得到的结果仍然是否定的。1887年，他们继续改进仪器，重新进行实验，其结果仍然是否定的。这一实验排除了以太的存在，引起了科学家的震惊和关注，被与热辐射中的"紫外灾难"并称为"科学史上的两朵乌云"。但这一实验却对爱因斯坦以光速不变原理为基础提出相对论具有极大的帮助。

科学界认为,迈克尔逊创造的干涉仪是对光学和现代物理学的巨大贡献。它不仅可用来测定微小长度、折射率和光波波长等,也是现代光学仪器如傅里叶光谱仪等仪器的重要组成部分。正因为他创制了精密的光学仪器和利用这些仪器所完成的光谱学和基本度量学研究,1907年诺贝尔物理学奖授予他应当说是实至名归。

埃尔利希

保罗·埃尔利希（Paul Ehrlich，1854～1915），德国著名细菌学家、免疫学家，化学疗法的奠基者之一，以发现治疗梅毒的方法而闻名医学界。

埃尔利希出生于一个犹太家庭。1878年，他毕业于莱比锡大学，获得医学学位。之后，他在柏林大学医学院附属医院先后做助教、讲师、副教授。从1890年起，他在科赫领导下的传染病研究所任职。

早年，他主要致力于研究生物体内不同组织、细胞与染料的亲和力，发明了活体染色法。他首次鉴别了肥大细胞与浆细胞；发现了嗜酸性粒细胞；鉴别了髓细胞性白血病的各种类型；首次提出白细胞按所含颗粒染色特性的分类法；发明了结核菌的抗酸染色。1890年后，他开始研究免疫问题，帮助埃米尔·冯·贝林生产白喉抗血清，设计单位测定抗毒毒量的方法。他率先创立了侧链学说，研究了动物血清的溶血反应，提出了"补体"的概念。晚年时，他专攻化学药物治疗传染病的研究，发明了治疗梅毒的有效药"606"（砷凡纳明）。之所以称其为"606"，据说是因为试制它到第606号染料时才获得成功。1908年，他与伊利亚·梅契尼科夫共获当年的诺贝尔生理学或医学奖。

除研究工作外，1896年至1899年，埃尔利希还先后担任斯泰格利茨血清实验所和美因河畔法兰克福实验治疗学研究所所长，带领着一批研究人员，共同攻克医学难关。"606"就是他带领这个研究团队完成的一种能有效地治疗梅毒而毒副作用又较小的药物。作为第一种抗菌类化学药物的发明者，埃尔利希被公认为"化学疗法之父"。这是第一个通过对先导化合物进行化学修饰，以达到最优化的生物活性的有组织有目的的尝试，因此，他开创了化学治疗的先河。

20世纪40年代，因青霉素的发现而取代了砷剂治疗梅毒的方法。国际上禁止使用"606"的原因即是其副作用太大。不过，在抗生素发现以前，因治疗梅毒没有其他更好的办法，即使"606"及后来的"914"有很大副作用，医院也一直在使用。

埃尔利希的主要著作包括《组织染色治疗与实验》《化学治疗锥虫研究》《螺旋菌实验化学疗法》《免疫力研究论文集》等。他的妻子弗劳·埃尔利希于1929年设立了埃尔利希基金会最高医学研究奖——保罗·埃尔利希—路德维希·达姆施泰特奖金，每年颁发一次，用以奖励在化学疗法、细菌学、免疫学、血液学及癌症研究等领域的杰出成就。

赫 兹

海因里希·赫兹（Heinrich Hertz，1857～1894），德国著名物理学家，以首先用实验证实了电磁波而闻名。

赫兹出生于德国汉堡一个犹太家庭，从小在富裕的家庭里长大。

在柏林洪堡大学读书时，他便开始展露出良好的科学素养和语言天赋，尤其喜欢学习阿拉伯语和梵语。他曾在德累斯顿、慕尼黑和柏林等地学习科学和工程学。后来，他主要是在洪堡大学跟随著名教授古斯塔夫·基尔霍夫和赫尔曼·亥姆霍兹学习物理学。即使在他获得博士学位后，仍继续跟随亥姆霍兹教授学习，直到1883年他接到邀请，到基尔大学担任物理学讲师。1885年，他在卡尔斯鲁厄大学获得教授资格，并在那里于1887年首先用实验证实了电磁波的存在，并于1888年发表了相关论文。由于他对电磁学的这一贡献，频率的国际单位制单位"赫兹"，便以他的名字命名。

除此以外，随着迈克尔逊在1881年做的实验，和1887年迈克尔逊—莫雷实验推翻了以太的存在，赫兹还改写了麦克斯韦方程，将新的发现纳入其中。通过实验，他证明了电信号如同麦克斯韦和法拉第预言的那样，可以穿越空气，这一理论成为后来发明无线电的基础。他还注意到，当带电物体被紫外光照射时，会很快失去电荷，由此他发现了光电效应。后来，爱因斯坦对光电效应给予了系统解释，并由此获得了诺贝尔物理学奖。

除物理学以外，由于赫兹在慕尼黑工业大学跟随的指导教授威廉·冯·贝措尔德是气象学专家，赫兹因此也对气象学有浓厚的兴趣。值得一提的是，赫兹在接触力学方面有多年研究，并且其成果被后来研究接触力学的学者多次引用。经约瑟夫·布西内斯克的研究，明确了赫兹论文中的重大发现，确立了赫兹在接触力学领域的重要地位。赫兹基本上概述了当两个线对称的物体接触并负重时会有何种表现，并从经典弹性理论和连续力学上得到了结论。这些研究成果对后世纳米科技的发展具有重要影响。

不幸的是，赫兹在年仅37岁时，因败血症在波恩去世。

喜喜

家不相信一個
人只由理論就
可以知道實際。
海因裏希·魯道
夫·赫兹如是說

薛曉源敬寫

普朗克

马克斯·普朗克（Max Planck，1858～1947），德国著名物理学家，量子力学创始人。

普朗克出生在德国基尔一个书香门第，曾祖父和祖父都是哥廷根大学教授，其父亲是基尔大学和慕尼黑大学教授，其叔叔是哥廷根大学教授和德国民法典重要创立者之一。

在9岁时，他随家人搬到慕尼黑。在这里读中学期间，他开始接触到数学家奥斯卡·冯·米勒的思想，这激发了他对数学物理学的极大兴趣。在慕尼黑读大学期间，他开始研究理论物理学，后转学到柏林大学，跟随亥姆霍兹、基尔霍夫等著名教授学习。1879年2月，他完成博士论文《关于热力学第二定律》，并在次年以论文《各向同性物质在不同温度下的平衡态》获得大学任教资格。1885年4月，基尔大学聘请他担任理论物理学教授，在此期间，他继续对熵及其应用进行研究，并开始了对原子假说的研究。1887年，他撰写的专著《能量守恒原理》获得哥廷根大学的奖励。两年之后，他前往柏林，接手基尔霍夫的工作。1894年，他被选为普鲁士科学院院士。1926年10月1日，他从柏林洪堡大学退休之后，继任者为后来大名鼎鼎的量子力学家薛定谔。

普朗克在物理学上的贡献主要有三点：

一是他提出了普朗克辐射定律。在研究黑体辐射问题时，他率先提出了所谓"基础无序原理"，并由此发现了普朗克辐射定律。但因没有实验证据，这一定律不被人们普遍认可。随后，经过反复修正，他成功地推衍出第一版的普朗克黑体辐射定律，于1900年10月19日在德国物理学会上首次提出。随后不久，他又提出能量量子化假说，其中引入一个重要的物理常数 h——普朗克常数，提出能量只能以不可分的能量元素（即量子）的形式向外辐射。基于这些假设，他给出了黑体辐射的普朗克公式，圆满解释了相关实验现象。这一成就揭开了旧量子论与量子力学的序幕，因此，12月14日被确定为"世界量子日"。他也因此获得了1918年诺贝尔物理学奖。由此，他也被视为现代物理学的开拓者之一。因为能量量子化这一假说被视为量子物理学诞生的标志，所以提出这一假说也被视为普朗克最大的科学成就。

二是他是最初少数几个发现爱因斯坦相对论之重要性的人物之一，并借助于他的影响，使相对论在德国得到了认可。在他担任柏林大学校长时，他邀请爱因斯坦到柏林，并在1914年专为爱因斯坦设立了一个新的教授职位，他自己也在相对论研究方面有所贡献。

三是在量子力学研究方面他同薛定谔、马克斯·冯·劳厄、爱因斯坦等一起，反对

普朗克

要接受一個新的科學真理,並不用說服它的反對者,而是要等到別的反對者們都相繼死去。普朗克如是說
薛也源敬寫

以玻尔、海森堡和泡利为代表的量子力学的哥本哈根诠释，坚持以薛定谔方程作为真理，从而代表了量子力学研究中一种不同进路。他同哥本哈根学派的争议，成为科学哲学史上的重要事件，至今影响着人们对量子力学的哲学解释。由此形成所谓科学哲学中的"普朗克原理"——"要接受一个新的科学真理，并不用说服它的反对者，而是要等到反对者们都相继死去，新的一代从一开始便清楚地明白这一真理"。

希尔伯特

大卫·希尔伯特（David Hilbert，1862～1943），德国著名数学家，20世纪最伟大的数学家之一，被后人称为"数学世界的亚历山大"。

希尔伯特中学时期即对科学特别是数学表现出浓厚的兴趣。在17岁那年，他与闵可夫斯基结为好友，共同走进了哥尼堡大学。但他违背了父亲让他学法律的意愿，进入了他所喜欢的数学系攻读数学，并于1884年获得博士学位，留校担任讲师，后逐渐地晋升为副教授和教授。1895年，他转入哥廷根大学任教授，此后一直在此任教，直到1930年退休。此间，他成为柏林科学院通讯院士，并曾获得施泰讷奖、罗巴契夫斯基奖和波约伊奖。

希尔伯特是对20世纪数学有深刻影响的数学家之一。他所领导的著名的哥廷根学派，使哥廷根大学成为当时世界数学研究的重要中心，并培养了一批对现代数学发展做出重大贡献的杰出数学家。

按时间顺序，他的主要研究成果有不变量理论、代数数域理论、几何基础、积分方程、物理学、一般数学基础。其中，穿插的研究课题有狄利克雷原理和变分法、华林问题、特征值问题、希尔伯特空间等。

在1900年巴黎国际数学家代表大会上，他发表了题为《数学问题》的著名演讲，提出了23个最重要的数学问题。这些问题统称为"希尔伯特问题"，被认为是20世纪数学的制高点。对这些问题的研究有力地推动了20世纪数学的发展，在世界上产生了深远的影响。他撰写的《几何基础》（1899年）是公理化思想的代表作。他把欧几里得几何学加以整理，成为建立在一组简单公理基础上的纯粹演绎系统，并开始探讨公理之间的相互关系与研究整个演绎系统的逻辑结构。这对几何学的发展具有极其重大的意义，由此推动形成了"数学公理化学派"，希尔伯特也因此成为现代形式公理学派的创始人。

希尔伯特去世时，《自然》杂志发表过这样的观点：现在世界上难得有一位数学家的工作不是以某种途径导源于希尔伯特的工作。他像是数学世界的亚历山大，在整个数学版图上，留下了他那显赫的名字。

难能可贵的是，希尔伯特在科学研究上具有强烈的问题意识，并认为这是科学发展的强大内驱力。他曾明确指出："只要一门科学分支能提出大量的问题，它就充满着生命力，而问题缺乏则预示着独立发展的衰亡和终止。"针对一些人在科学上信奉的不可知论观点，他在1930年的一次讲演中，满怀信心地宣称："我们必须知道，我们必将知道。"——这句名言，在他逝世后，被刻在了他的墓碑上。

摩尔根

托马斯·亨特·摩尔根（Thomas Hunt Morgan，1866～1945），美国著名进化生物学家、遗传学家和胚胎学家，被人誉为"现代遗传学之父"。

摩尔根出生于美国肯塔基州的列克星敦，自幼热爱大自然。童年时代，他就漫游了肯塔基州和马里兰州大部分山村和田野，还曾跟随美国地质勘探队进入山区实地考察，采集化石。在14岁时，他进入肯塔基州立大学（现为肯塔基大学）预科，两年后升入本科，学习自然科学。1886年他以优异成绩获得科学学士学位。同年秋天，他进入约翰·霍普金斯大学继续深造，主要研究胚胎学，于1890年获得博士学位。在前去报到读研之前，他曾在马萨诸塞州安尼斯奎姆一家暑期学校接受短期训练，学到了不少海洋无脊椎动物知识和基本实验技术。读研究生期间，他系统地学习了普通生物学、解剖学、生理学、形态学和胚胎学课程，并在威廉·布鲁克斯教授指导下，从事海蜘蛛纲动物的研究。1888年，摩尔根的母校肯塔基州立大学对他进行考核后，授予他硕士学位和自然史教授资格，但摩尔根没有应聘，而是继续攻读博士学位。1890年春，他完成了"论海蜘蛛"的博士论文，并获得了约翰·霍普金斯大学博士学位。

1891年秋，摩尔根受聘于布林莫尔学院，任生物学副教授，1895年升为正教授，从事实验胚胎学和再生问题的研究。1903年，他应埃德蒙·威尔逊之邀，赴哥伦比亚大学任实验动物学教授。从1909年到1928年，他创建了以果蝇为实验对象的研究室，主要从事进化和遗传研究工作。1928年，62岁的摩尔根应聘为加州理工学院的生物学部主任。他将原在哥伦比亚大学工作时的骨干卡尔文·布里奇斯、艾尔弗雷德·斯特蒂文特和费奥多西·杜布赞斯基再次组织在一起，重建了一个遗传学研究中心，继续从事遗传学及发育、分化问题的研究。1945年12月4日，他因动脉破裂，在帕萨迪纳逝世，享年79岁。

摩尔根的主要科学成就是继承和发展了孟德尔以豌豆杂交实验为基础的遗传理论，同时借助物理、化学、辐射等实验手段，为生物学发展成实验科学奠定了基础。他发现位于同一染色体上的基因之间的链锁遗传特性，将多种突变基因定位在染色体上，制成染色体图谱，即基因的连锁图。美国科学界评价他说："对果蝇染色体遗传基础的研究彻底改变了遗传学领域。"因为他通过对黑腹果蝇遗传突变的研究，首次确认了染色体是基因的载体，还找出了多个突变基因在染色体上的分布位置。因此，他荣获1933年诺贝尔生理学或医学奖。

摩尔根

无论多么复杂的植物体都是由细胞构成的,细胞是植物体的基本单位。
摩尔根如是说
壬寅 薛晓源写

居里夫人

玛丽·居里（Marie Curie，1867～1934），世称"居里夫人"，波兰裔法国著名科学家、物理学家、化学家，是世界上第一位两次斩获诺贝尔奖的科学家。

居里夫人出生于华沙一个中学教师家庭。1891年9月，年方24岁的她前往巴黎求学，进入巴黎大学理学院物理系学习。1894年4月，经人介绍，她与皮埃尔·居里结识。1895年7月26日，她与皮埃尔·居里在巴黎郊区梭镇结婚，成为毕生合作进行科学研究的模范夫妇。

1896年8月，居里夫人与皮埃尔成为同事。1898年7月，居里夫妇向科学院提交论文《论沥青铀矿中一种放射新物质》，发现了一种新的放射性元素84号，放射性比铀强400倍，类似铋。为纪念祖国波兰，居里夫人将这一新元素命名为polonium（钋）。从此，居里夫妇密切合作，共同研究，建立了最早的放射化学工作方法。

1898年12月，居里夫妇和同事贝蒙特向科学院提交《论沥青铀矿中含有一种放射性很强的新物质》，又发现了新元素88号，其放射性比铀强百万倍，命名为Radium（镭）。1900年3月，居里夫妇在巴黎国际物理学会上宣读论文《论新放射性物质及其所发射线》。1903年，居里夫妇和贝克勒尔由于对放射性的研究，共同荣获1903年诺贝尔物理学奖。1911年，因发现镭和钋并分离出纯的金属镭，居里夫人又荣获了当年的诺贝尔化学奖，从而成为世界上第一位获两次诺奖的科学家。1922年2月，她当选为巴黎医学科学院院士。

1934年居里夫人因恶性贫血症（由镭引起）病情恶化，医治无效，于7月4日不幸逝世。医生在报告中写道："她所得的疾病是一种发展迅速、伴有发烧的继发性贫血。骨髓没有造血反应，可能是因为长期积累的辐射量造成的伤害。"显然，这位伟大的女科学家把她的生命献给了她毕生热爱的科学事业。

居里夫人的一生科学成就光辉灿烂，主要包括开创了放射性理论、发明了分离放射性同位素技术、发现了两种新元素钋和镭。在她的指导下，人们第一次将放射性同位素用于治疗癌症。而她本人却由于长期接触放射性物质，不幸死于再生障碍性恶性贫血，成为放射性科学研究的殉道士。在诺贝尔奖官网里有对居里夫人的高度评价，称赞她为"现代科学界的偶像"。

卢瑟福

欧内斯特·卢瑟福（Ernest Rutherford，1871～1937），新西兰和英国著名物理学家，被誉为"原子核物理学之父"。他是继法拉第之后最伟大的实验物理学家。他不仅首先提出了放射性半衰期概念，证实了放射性涉及从一个元素到另一个元素的衰变，而且将放射性物质按照贯穿能力分类为 α 射线与 β 射线。他所领导的团队成功地证实了在原子的中心有个原子核，从而创建了卢瑟福原子模型，并且最先成功地在氮与 α 粒子的核反应里将原子分裂，又在同一实验里发现了质子，且为质子命名。为纪念他，第 104 号元素被命名为"Rutherfordium"（𬬻）。

卢瑟福出生于新西兰的纳尔逊，有兄弟姐妹 12 人，家境贫寒。19 岁时，在奖学金资助下，他进入新西兰大学的坎特伯雷学院学习，开始从事科学研究。1895 年，在奖学金资助下，他到剑桥大学三一学院卡文迪许实验室做博士研究，导师为著名科学家约瑟夫·汤姆孙教授。1898 年，他被指派担任加拿大麦吉尔大学物理系主任。在实验中，他发现了放射性的半衰期，并将放射性物质命名为 α 射线与 β 射线。因这项实验，1908 年他获得诺贝尔化学奖。

1908 年在曼彻斯特大学，他同实验助手汉斯·盖革，用 α 粒子撞击薄金属箔纸，发现了散射现象。后来，他又指导盖革和欧内斯特·马斯登一起，用 α 粒子散射于薄金箔纸，这就是著名的卢瑟福散射实验，展示了 α 粒子可以被大角度散射，由此推翻了汤姆孙的梅子布丁模型。在此基础上，1911 年他在一篇论文里宣布了自己的发现，提出了自己的原子模型理论：原子的中心有一个带正电、带质量的原子核，在原子核的四周是带负电的电子云。

1914 年，卢瑟福被授予爵士爵位。1919 年，他回到卡文迪许实验室，继汤姆孙之后，他成为实验室主任和卡文迪许教授。在他指导下，詹姆斯·查德威克发现了中子，此发现后来获得了 1932 年诺贝尔奖。令人敬佩的是，在他的学生中，一共有十位诺贝尔奖得主。1925～1930 年他担任英国皇家学会会长。1925 年获得英国政府颁发的功绩勋章，1931 年他被封为尼尔森的卢瑟福男爵。

1937 年，年仅 66 岁的卢瑟福因病去世，被安葬在威斯敏斯特教堂中，靠近牛顿和其他著名科学家。

有趣的是，他对自己当年获得化学奖甚为不悦，因为他一直认为自己是一位物理学家，而非化学家。

卢瑟福

科学只有物理
一個學科，其他
不過是集郵活
動而已。盧瑟福
先生如是說
壬寅年薛曉源寫

爱因斯坦

阿尔伯特·爱因斯坦（Albert Einstein，1879～1955），瑞士和美国籍著名物理学家，以提出光量子假说和光电效应理论而获得诺贝尔物理学奖，但他认为自己最大的科学贡献是提出了狭义和广义相对论，他也因此而闻名于世。

爱因斯坦出生于德国乌尔姆市一个犹太家庭。1900年毕业于瑞士苏黎世联邦理工学院，并加入瑞士国籍。1905年，爱因斯坦获苏黎世大学物理学博士学位，并提出光量子假说，成功地解释了光电效应。

1914年4月，因接受德国科学界的邀请，爱因斯坦迁居柏林。1915年11月，他提出广义相对论引力场方程的完整形式，并成功地解释了水星近日点运动。1916年3月，他完成了总结性论文《广义相对论的基础》。1917年，他又提出宇宙空间有限无界的假说。同年8月，完成《关于辐射的量子理论》，总结了量子理论的发展，提出受激辐射理论。

1922年1月，他完成关于统一场论的第一篇论文。1926年，他同海森堡讨论了量子力学的哲学问题，引发了对量子力学哲学解释的争议。1927年10月，他开始同哥本哈根学派争论量子力学的哲学解释，发表了著名的《牛顿力学及其对理论物理学发展的影响》一文。1929年他又发表《统一场论》，继续阐述他的主张。1933年，为躲避纳粹迫害他移居美国，在普林斯顿高等研究院任职，1940年加入美国籍，同时保留瑞士籍。

他的科学贡献主要有以下几个方面：一是创立狭义相对论。他给出的著名的质能关系式 $E=mc^2$，对原子能事业起到了指导作用。二是创立广义相对论，在广义协变的基础上，通过等效原理，建立了局域惯性场与普遍参照系之间的关系，得到了所有物理规律的广义协变形式，并建立了广义协变的引力理论，表明牛顿引力理论只是它的一级近似。三是提出光量子假说，成功地解释了赫兹于1887年提出的光电效应。四是提出能量守恒定律，并与物质不灭定律（$E=mc^2$）统一起来。五是提出宇宙常数概念，即认为有一种反引力，能与引力平衡，促使宇宙有限而静态。而后来提出的宇宙膨胀说与此相矛盾。对此，爱因斯坦曾说："这是我一生所犯下的最大错误。"但迄今宇宙常数仍是物理学的最大疑问之一。六是在量子理论方面，他也是主要创建者之一，在分子运动学和量子统计理论等方面做出了重大贡献。

此外，他在教育理论、哲学思想等方面，也有重要贡献。霍金评价爱因斯坦代表了过去100年科学的先进性。杨振宁评价说："在20世纪物理学的三大贡献（即狭义和广义相对论、量子力学）中，两个半都是爱因斯坦的。"

1955年4月18日，爱因斯坦逝世于美国新泽西州普林斯顿，享年76岁。1999年12月，爱因斯坦被美国《时代周刊》评选为20世纪的"世纪伟人"。他开创了现代科学技术新纪元，被公认为是继伽利略、牛顿之后最伟大的物理学家，也是批判学派科学哲学思想之集大成者和发扬光大者。

爱因斯坦提出的相对论和普朗克等人创立的量子力学一起，使经典物理学发展到当代物理学。但由于他和亨利·柏格森关于时空性质问题之争，他所极度中意并且举世闻名的相对论并未获得诺贝尔物理学奖，对此他至死一直耿耿于怀。

此外，他在同量子力学家争论时所说的名言"我不相信上帝是在掷骰子"，这种机械决定论思想影响了好多人。

对此，霍金曾评论说："当爱因斯坦说到'上帝不掷骰子'的时候，他错了。鉴于黑洞给予我们的暗示，上帝不仅掷骰子，而且往往将骰子掷到我们看不见的地方以迷惑我们。"

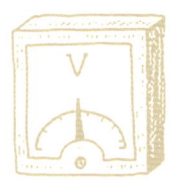

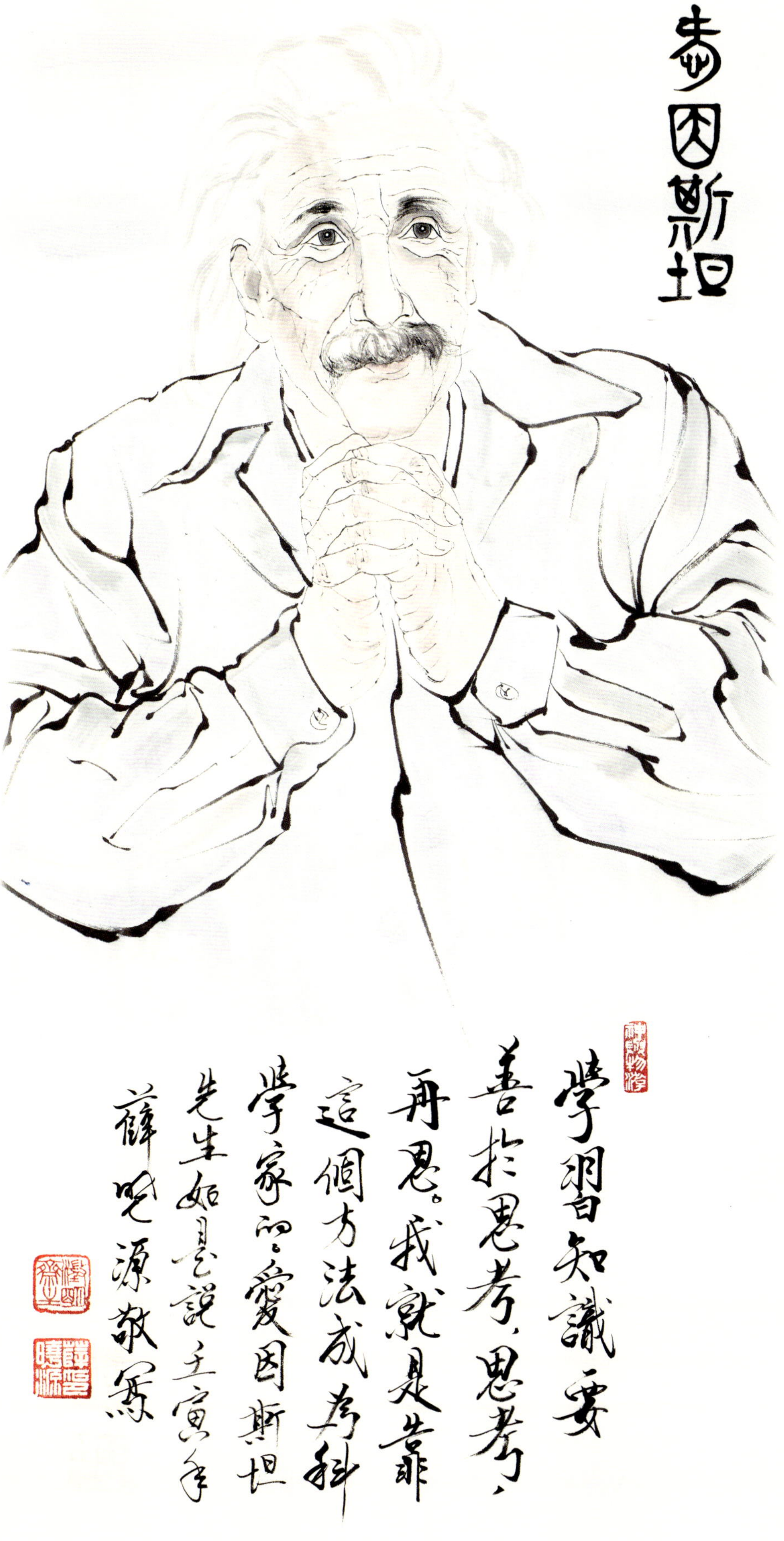
愛因斯坦
學習知識要
善於思考、思考、
再思。我就是靠
這個方法成為科
學家的。愛因斯坦
先生如是說 壬寅年
薛曉源敬寫

翠微細雨外 雲掩幾重山

薛曉源欣焉寫於壬寅季冬雨

魏格纳

阿尔弗雷德·魏格纳（Alfred Wegener，1880～1930），德国气象学家、地球物理学家，被称为"大陆漂移学说之父"。

魏格纳出生于德国柏林，大学时在柏林的洪堡大学学习。1905年至1906年，他在林登堡航空气象台工作，主要研究天文学和气象学。他喜欢冒险，曾乘坐热气球参加耐空比赛，并以52小时的成绩打破当时最长的耐空纪录（35小时）。

在第一次世界大战时，魏格纳曾参军并两度负伤。他留意到非洲大陆和南美洲东岸的海岸线很相似，因此推测大陆原本是相连的。1915年，他出版了《大陆与大洋的起源》一书，提出了在当时石破天惊的"大陆漂移学说"。

从1919年开始，魏格纳担任汉堡海洋气象台理论气象学部主任，兼汉堡大学教授。1924年，他还担任格拉茨大学教授。

魏格纳曾先后三次前往格陵兰进行极地上层大气及冰河学的研究及探险活动，并曾在北纬77度的冰上连续度过两个冬天。1930年11月，他在一次前往格陵兰的探险中遇难死亡，享年50岁。

魏格纳的主要科学贡献有两点：一是提出大陆漂移学说，二是在大气热力学和古气象学方面做出了突出成就。大陆漂移学说成功地说明了全世界的大陆在古生代石炭纪以前是一个统一的整体，在它的周围是辽阔的海洋。后来，盘古大陆在天体引潮力和地球自转所产生的离心力的作用下，破裂成若干块，并在硅镁层上分离漂移，逐渐形成了今日世界上大洲和大洋的分布情况。但这一学说在当时对大陆移动的原动力、深源地震、造山构造等却难以提供合理的科学解释，招致了很多批评和攻击。

在魏格纳去世30年后，板块构造学说席卷全球，人们终于承认了大陆漂移学说的正确性。尤其是他毕生寻求真理、正视事实、勇于探索和不惜献身的科学精神，永远值得人们怀念。

弗莱明

亚历山大·弗莱明（Alexander Fleming，1881～1955），英国著名微生物学家、药学家，以发现青霉素而闻名于世。

弗莱明出生于苏格兰艾尔郡，其先辈世代务农。在他7岁时，其父去世。13岁时，他随其同父异母的兄长汤姆（医师）去伦敦做工。1901年，由于意外地得到其叔叔的一笔遗产，在汤姆的建议下，他通过了16门考试，进入伦敦大学圣玛丽医学院学习。1906年，他从该校毕业，并留在母校帮助其老师赖特博士进行免疫学研究。

从1918年开始，弗莱明在圣玛丽医学院除讲课外，侧重研究细菌。1922年，他发现了一种叫作"溶菌酶"的物质，并据此发表了研究报告《皮肤组织和分泌物中所发现的奇特细菌》。1928年，为了撰写一篇有关葡萄球菌的论文，他在实验室里培养了大量的金黄色葡萄球菌。8月份弗莱明在乡下度假，9月3日返回实验室时，他惊讶地发现，在长满细菌的培养皿中有个角落长了一块青霉菌，而其周围却没有细菌滋长。职业的敏感使他马上意识到，这种霉菌很可能有杀菌作用。随后在经过反复实验后，他将这个现象以《关于霉菌培养的杀菌作用》为题，发表在1929年的《英国实验病理学》期刊上。他在这篇论文中指出，青霉素将会有重要的用途。但因为当时他并未发明一种提纯青霉素的方法，因而该观点并未引起广泛注意。并且随着磺胺类药物的出现，人们对青霉素的报告便普遍地不感兴趣了。

幸运的是，十年后的1939年，在英国牛津大学病理学系担任系主任的澳大利亚人瓦尔特·弗洛里和旅英的德国生物化学家鲍利斯·钱恩合作，研究了青霉素的性质、分离和化学结构，最终证实了弗莱明当年的研究成果，并解决了青霉素的纯炼问题。后来，以弗洛里为首的研发团队从青霉菌中提取出了抗生素——青霉素（又名盘尼西林），并且使用青霉素给人治病获得成功。在英美政府鼓励下，医学界很快找到了大规模生产青霉素的方法，1944年英美公开在医疗中使用青霉素。1945年以后，青霉素的使用已遍及全世界。弗莱明因此与钱恩和弗洛里共同获得了1945年诺贝尔生理学或医学奖。

青霉素的发现，完全改变了人类与传染病搏斗的历史，使人类的平均寿命也得以延长。弗莱明一生也一直很谦虚，他曾在演讲中多次说明，发现青霉素并非他一个人的功劳，而是牛津研究团队的功劳。

诺 特

埃米·诺特（Emmy Noether，1882～1935），德国著名数学家，抽象代数和理论物理学界声名显赫的人物。帕维尔·亚历山德罗夫、爱因斯坦、让·迪厄多内、赫尔曼·外尔和诺伯特·维纳等学者都把诺特誉为历史上最杰出的女性数学家。

诺特出生于德国埃朗根的一个犹太家庭，父亲是数学家马克斯·诺特。在高分通过法语和英语考核后，她原先准备做法语和英语老师，但最终选择了到父亲任教的埃朗根大学数学专业学习。在保罗·哥尔丹指导下，她于1907年完成博士论文《论三元双二次型不变量的完整系统》，获博士学位。之后，她在埃朗根数学研究所无薪工作了七年，还不时地会在父亲生病时替他上课。当时在德国高校，女性一般不允许担任教职。1915年，希尔伯特和克莱因邀请她到世界领先的哥廷根大学数学系任职，但遭到了哲学系中那些语文学和历史学教授的反对。他们认为，女人是不可以当讲师的。有一名教授抗议说："当我们的军人从战场上回到大学来，发现自己要在一个女人的脚下学习，他们会怎么想。"希尔伯特回击说："我并不觉得性别是一个阻止候选人成为讲师的理据。我们毕竟是一所大学，不是个澡堂。"后来，诺特借希尔伯特的名义讲课四年。直到1919年5月，在成功通过口试和特别演讲后，她才终于获得特许任教资格和讲师头衔。

在哥廷根大学数学系，诺特因证明了"诺特定理"而成为举足轻重的人物。她的研究成果成为巴尔特·范德瓦尔登1931年教科书《现代代数》第二卷的基础，影响深远。1932年，在瑞士苏黎世召开的国际数学家大会上，诺特被邀请致辞，这肯定了她在数学上的重要贡献，使她以在代数上的造诣而名扬四海。次年，德国纳粹政府下令禁止犹太人担任大学教职，诺特被迫移居美国，在宾夕法尼亚州布林莫尔学院担任教授。1935年，她因卵巢囊肿接受手术后病情恶化逝世，年仅53岁。

诺特的数学研究生涯可分为三个时期。在1908至1919年，她对代数不变量和域的领域做出了重大贡献。在1920至1926年，她所开展的工作将彻底改变抽象代数。在1927至1935年，诺特在非交换代数和超复数方面屡有建树，并将群的表示论与模和理想理论整合为一。在1964年世界博览会上，对现代数学家有专门的展览，其中诺特是唯一受到表彰的女数学家。

埃米·诺特

我向代数"方法"和思考的方法。这就是为何它们实际上是工作和思考的方法。情无声息,却无实情不在。埃米·诺特如是说 薛晓源

玻 尔

尼尔斯·玻尔（Niels Bohr，1885～1962），丹麦著名物理学家，量子力学哥本哈根学派创始人，因原子结构和原子辐射的研究，获1922年诺贝尔物理学奖。

玻尔出生于丹麦哥本哈根，其父亲为哥本哈根大学生理学教授，从小得到了良好的教育。18岁时，他进入哥本哈根大学主修物理学，以关于金属电子论的论文先后获得硕士和博士学位。此后，他前往剑桥大学汤姆孙教授主持的卡文迪许实验室学习。几个月后，他转赴曼彻斯特大学，加入以卢瑟福教授为首的科学共同体，从此和卢瑟福建立了密切联系。

1912年，在研究金属中的电子运动时，玻尔发现经典理论在阐述微观现象方面存有严重缺陷。经潜心思考后，他创造性地把普朗克的量子说和卢瑟福的原子核概念结合起来。1913年，他开始担任曼彻斯特大学物理学教师，并以原子结构研究为主攻方向。通过研究光谱学资料，他撰写出《论原子构造和分子结构》的大部头专著，提出了量子不连续性的概念，成功地解释了氢原子和类氢原子的结构和性质，并在此基础上，进一步提出了原子结构的玻尔模型。按照这一模型，电子环绕原子核做轨道运动，外层轨道比内层轨道可容纳更多电子；较外层轨道的电子数决定了元素的化学性质。如果外层轨道的电子落入内层轨道，将释放出一个带固定能量的光子。1916年，玻尔升任哥本哈根大学物理学教授，并当选丹麦皇家科学院院士。1920年，他创建了哥本哈根理论物理研究所，并任所长达四十年之久。

在20世纪30年代中期，玻尔认识到他提出的原子核理论并不完整，还只是经典理论和量子理论的混合，因而他致力于建立能描述微观尺度的量子过程的基本力学，最后提出了著名的"互补原理"。这一原理指出了经典理论是量子理论的极限近似，且按照互补原理指出的方向，可由旧理论推导出新理论。后来，这些假设得到了充分验证。在量子力学发展过程中，互补原理对狄拉克和薛定谔发展波动力学起到了重要作用。

值得特别指出的是，玻尔等人对量子力学提出的哥本哈根诠释，遭到了坚持决定论的爱因斯坦和薛定谔等人的强烈反对。玻尔—爱因斯坦论战成为量子力学发展史上的佳话。这一争论一直持续到爱因斯坦逝世为止，再次验证了科学哲学中的所谓"普朗克原理"。

1962年11月8日，因突发心脏病，玻尔在丹麦卡尔斯堡寓所逝世，享年77岁。

玻尔曰：誰不對量子物理感到困惑，必肯定不懂它。

外 尔

赫尔曼·外尔（Hermann Weyl，1885～1955），德国著名数学家、物理学家。

外尔出生于德国汉堡，父亲是银行家，母亲是家庭主妇。因为从小就对数学和科学上的问题很感兴趣，中学毕业时，他毫不犹豫地选择了去哥廷根大学攻读数学。这所大学是当时的数学圣地，数学大师希尔伯特就在此任教。1905年整个暑假，外尔沉浸在希尔伯特的《数论报告》中，度过了他所称的"一生中最快乐的几个月"。在希尔伯特指导下，他于1908年获得博士学位。从1910年起，他受聘到苏黎世联邦理工学院任数学讲师。是年，荷兰物理学家洛伦兹在哥廷根讲演时提到，能否由听鼓声推知鼓的形状？也就是，能否由远处听到的鼓声的频率推知鼓膜形状。几个月后，通过夜以继日的推算，外尔在数学上给出了肯定的证明。

1913年，外尔发表了著作《黎曼曲面的概念》，第一次给黎曼曲面奠定了严格的拓扑基础。1915年至1933年间，他研究与物理学有关的数学问题，对以后发展起来的各种场论和广义微分几何学有深远影响。

1916年，外尔开始进入他数学创造的全盛时期。当时，爱因斯坦的广义相对论刚刚问世，它宣告了一个新时代的到来。当他看到爱因斯坦的论文时，立刻被其科学之美的魅力所吸引，开始走火入魔般地沉浸于其中，潜心加以研究。在他给学生讲授相对论课程时，他力图把哲学思想、数学方法以及物理学理论结合起来，用清晰严格的语言阐述广义相对论。他的讲稿于1918年以《空间、时间、物质》为书名正式出版后，成为当时年轻人热衷的学术著作。量子力学家海森堡等人都从这部著作中受益良多。

1917年至1919年间，因受爱因斯坦在广义相对论中用时空弯曲代替引力的思想的鼓舞，他提出一种既包括引力又包括电磁力的几何理论，即通过发展几何学来完成"统一场论"的构想。虽然这一构想最终并未取得成功，但他的这一思想以及一系列研究成果，却深刻地影响了当代物理学的发展。1928年，外尔把群论和量子力学相结合的研究成果《群论和量子力学》出版。不过当时因为群论太抽象，没有多少物理学家愿意读它，但如今群论已成为理论物理学家必备的数学工具。

1930年，外尔回到哥廷根大学接替希尔伯特的教授席位。1933年，他就任哥廷根数学研究所所长。同年，因不满纳粹分子的行径，他又出走美国，担任普林斯顿高等研究院教授，直到1951年退休。

外尔的学术著作虽然数量不多，但影响巨大。在数学家眼中，他是一位数学大师，是20世纪上半叶最重要的数学家之一；而在物理学家眼中，他是一位量子论和相对论的先驱，还是规范场理论的发明者之一。

赫尔曼·外尔

数学是除了语言与音乐之外，人类心灵自由创造力的主要表达方式之一。赫尔曼·外尔如是说。薛纪源写

薛定谔

埃尔温·薛定谔（Erwin Schrödinger，1887～1961），奥地利著名理论物理学家，量子力学奠基人之一。

薛定谔出生于维也纳，高中毕业后进入维也纳大学攻读物理学。获博士学位后，他进入维也纳大学物理研究所工作。在1914年至1918年间，他参加了第一次世界大战。此后，先后在耶拿大学、斯图加特大学、布雷斯劳大学和苏黎世大学任教。

在苏黎世大学任教期间，他于1926年在物理年鉴上发表了论文《以特征值问题处理量子化理论》，提出用波动方程描述微观粒子运动状态的理论，后称薛定谔方程，奠定了波动力学的基础。同年他发现波动力学和矩阵力学在数学上是等价的。此间，他还提出了著名的"薛定谔的猫"思想实验，试图以此证明量子力学在宏观条件下的不完备性。

1927年，薛定谔迁往柏林，接替马克斯·普朗克空出的职位，担任洪堡大学理论物理学教授，并成为普鲁士科学院院士。1933年，在纳粹党夺取政权后，他被迫移居英国牛津。同年，因为"发现了在原子理论里很有用的新形式"，薛定谔和英国物理学家保罗·狄拉克共同获得了该年度诺贝尔物理学奖。

1944年，他撰写了著名的《生命是什么？》一书，提出了负熵概念，引导人们用物理学、化学方法去研究生命的本性，成为分子生物学的先驱。发现DNA双螺旋结构的詹姆斯·沃森与弗朗西斯·克里克表示，薛定谔的这一成果对他们的研究有重大影响。

晚年，年近70岁的薛定谔，从爱尔兰都柏林返回维也纳，在维也纳大学理论物理研究所从事教学和研究工作，直到74岁时因肺结核逝世。按照他的遗愿，他被葬在风景优美的阿尔卑巴赫，墓碑上刻着以他命名的薛定谔方程。

薛定谔曾说："科学从不强加于人们任何事物，它只是陈述。科学的目的只不过是对客观事物做出正确恰当的陈述。"同时，他也讲道："物理学的新发现推进到了主观与客观的神秘分界线，并且告诉我们这根本不是一个明显的界限。它使我们明白，对一个物体的观察永远无法不被自己本身的观察行为所修改，它同时也让我们理解，在改进观察方法和对实验结果进行思考之后，主客观间的那种神秘界限已经被破坏。"这警示我们，科学研究是在追求客观真理，旨在对世界上的客观事物做出正确恰当的描述。同时，任何已经获得的客观真理，都含有观察者一定的主观影响成分。若要固执地坚持获得纯粹客观的理论描述，借用怀特海的话说，"这无异于让石头自己写传记。"

李四光

李四光（1889~1971），湖北黄冈人，著名地质学家、中国地质力学的创立者、中国现代地球科学奠基人之一。

李四光出生于湖北黄冈一个私塾教师之家，自幼热爱读书，对现代科学充满憧憬。

1904年，因品学兼优，他获得官费留学日本资格，入东京宏文学院普通科学习。1907年，他进入大阪高等工业学校船用机关科，学习造船机械，1910年毕业。1911年辛亥革命爆发，清朝帝制政府被推翻，李四光回国出任湖北军政实业部长。1913年，他远赴英国伯明翰大学留学，先学采矿，后改学地质学并于1919年获硕士学位。

1920年，接受北京大学校长蔡元培聘请，他开始在北京大学地质系任教授和系主任，同时担任北京大学评议会的评议员和理学院的庶务主任。1922年，他同章鸿钊、丁文江、翁文灏等，共同成立了中国地质学会，并当选第一届副会长。嗣后他长期担任会长、理事长。

1928年以后，他长期担任前中央研究院地质研究所所长。1948年2月，他偕夫人许淑彬从上海启程，赴英国参加第十八届国际地质大会，并在同年接受了挪威奥斯陆大学授予的博士学位。

1950年，他从英国辗转法国、意大利和香港，回到北京。1950年5月起，出任中国科学院副院长、中国地质工作计划指导委员会主任、中华全国自然科学专门学会联合会主席。1952年9月，任地质部部长。1955年，他被选聘为中国科学院学部委员。

李四光的科学成就，大致可分两个阶段。1949年之前，他侧重地质基础学科的研究。此后，他则是在继续重视基础研究的同时，根据国家需要，积极开拓应用研究领域。他提出了有孔虫门蜓类化石的鉴定方法，创立了十项标准。这十项标准，一直被古生物研究人员所采用。他对中国第四纪冰川的系统研究，为中国及世界第四纪地质学的研究做出了重要贡献。

他把力学理论引进到地质学研究中，创建了地质力学这一地质学分支。

此外，作为国家原子能委员会主席，他的地质学理论和寻找富集铀矿带的观点，对我国寻找铀矿矿床发挥了极大作用。

他对中国石油的勘探和开发也做出了重大贡献。作为挑战中国"贫油论"的实践者，他提出的先找油区、后找油田的指导思想，被实践证明是成功的。

鞠躬尽瘁

真正的科学精神，
是要从正确的批评
与自我批评发展
出来的。真正的科学
成果是要经得起
事实实考验的。

壬寅薛皓源写

哈 勃

埃德温·哈勃（Edwin Hubble，1889～1953），美国著名天文学家，被誉为"星系天文学之父"。

哈勃出生于密苏里州一个保险从业员家庭，在芝加哥大学获得理学学士后，他前往英国牛津大学攻读法律硕士。此后，他又回到芝加哥大学攻读博士学位，并于1917年获得博士学位。

第一次世界大战后，哈勃于1919年到威尔逊天文台工作，从此终生献身于天文事业。该天文台建造了一台200英寸口径的天文望远镜，哈勃成为第一个使用者。

经过多年精心观察，哈勃发现了银河外星系的红移与距离的关系，史称"哈勃定律"，这为宇宙大爆炸理论提供了有力的支持。他确认了星系是与银河系相当的恒星系统，开创了星系天文学，建立了大尺度宇宙的新概念。

大尺度宇宙概念的提出，揭开了探索大宇宙崭新的一页。1926年，他发表了对河外星系的形态分类学，后称"哈勃分类"。而远方星系的谱线红移现象则表明，距离越远的星系，红移越大，由此表明星系都在远离我们而去，且距离越远，远离的速度越快。1929年，他经过对20多个星系的统计分析，发现星系退行的速率与星系距离的比值是一常数，两者间存在着线性关系，这一关系后被称为哈勃定律。这一结论意义深远，它表明宇宙是膨胀的，而非像以往认为的那样是静止的。后来，经其他天文学家推算，宇宙已按这一常数膨胀了长达137亿年之久。

20世纪初，大部分天文学家都认为，宇宙的膨胀不会超出银河系。但当哈勃用当时最大的望远镜观察仙女座时，他惊奇地发现，其中的星云并非银河系的气体，而是一个独立星系。由此表明，银河系外仍有许多其他星系。浩瀚无垠的宇宙比人类想象的要大得多。

由于在天文学上的突出贡献，哈勃荣获了太平洋天文学会奖章和英国皇家天文学会金质奖章。1990年美国国家航空航天局发明的空间望远镜，被命名为"哈勃空间望远镜"，以纪念哈勃的丰功伟绩。学界高度称赞哈勃，把他誉为"给我们带来一个全新宇宙的人"。从某种意义上说，他也是真正改变我们的宇宙观的人。浩瀚宇宙，无边无际，充满了神秘，令我们神往。哈勃空间望远镜的建成，使我们开启了通向认识无限宇宙的可能性。

哈勃

我們不知道我們為何會生在這
些上,但我們可以
追尋著世界的真相。

薛旭源欣寫

泡 利

沃尔夫冈·泡利（Wolfgang Pauli，1900～1958），奥地利著名理论物理学家，量子力学研究先驱者之一。

泡利出生于维也纳，父亲是化学家沃尔夫冈·约瑟夫·泡利，马赫是他的教父。

18岁时，他就发表了人生第一篇科学论文。进入慕尼黑大学后，他在导师阿诺·索末菲的严格指导下，专心研究电离化氢分子理论，并于21岁时，就获得了博士学位。在索末菲要求下，泡利为《数学科学百科全书》撰写了一篇长达237页的关于狭义和广义相对论的词条。爱因斯坦曾对这篇评论相对论的论文给予高度评价，迄今这篇文章仍然是相对论研究最经典的参考文献。1923年至1928年，泡利在汉堡大学担任讲师，此间，他发展出许多现代量子力学的关键理论，尤其是创造性地提出了泡利不相容原理和非相对性自旋理论。1945年，在爱因斯坦提名下，他因泡利不相容原理而获诺贝尔物理学奖。泡利不相容原理涉及自旋理论，是理解物质结构乃至化学的基础。1958年，他又获得了马克斯·普朗克奖。同年，他因胰腺癌病逝于苏黎世红十字会医院，享年58岁。

泡利的一生虽然短暂，在量子力学上却做了许多贡献。但因为他很少发表论文，比较喜欢与同行交换长篇信件，因此他的好多发现后来并未归功于他。譬如，1924年，他提出了有两个可能值的新量子自由度或量子数，这可以解释观测到的分子光谱和量子力学之间的矛盾。1927年，他引入了2×2泡利矩阵作为自旋操作符号的基础，由此解决了非相对性自旋的理论。1930年，他思考了β衰变的问题。在他去世前两年半左右，他提出的中微子假说首次被实验所证实。1940年，他证明了自旋统计定理——带半整数自旋的粒子是费米子，带整数自旋的粒子是玻色子。

在物理研究上，泡利是一位完美主义者，并具有一眼就能发现错误的能力，也以尖刻和爱挑刺而闻名。他在批评一位年轻物理学家的一篇论文时所说的一句评语——"甚至连错误都算不上"，成为物理学家中的内行笑话。当爱因斯坦晚年致力于大统一场论的研究最后未能成功时，作为爱因斯坦的朋友，泡利非但没有给予安慰和鼓励，而是说了一句著名的冷嘲热讽的话："上帝撕碎的东西，不希望人们拼合起来。"

洵衫

這不僅不正確，甚至連錯誤都算不上。物理學家泡利如是說。壬寅薛曉源寫

费米

恩里科·费米（Enrico Fermi，1901～1954），意大利裔美国物理学家。

费米出生于罗马，高中毕业后，他以一篇论文"声音的特性"考入比萨高等师范学校，先主修数学，后转修物理，自学了广义相对论、量子力学和原子物理学等。1922年7月，他向学校提交了学位论文《概率论的一条定理及它的一些应用》，获得学士学位。1924年，他前往哥廷根大学，跟随马克斯·玻恩学习了一学期，同时相继结识了海森堡、洛伦兹、爱因斯坦等著名科学家。1926年，他成功申请到罗马大学理论物理学教授职位。在罗马大学任职期间，费米与他的团队一起研究物理学。1928年，他以意大利语编写了教材《原子物理学引论》，培养了一大批学生。

在1933年至1934年间，他首次在论述粒子性质的论文中提出了"中微子"概念。他对β衰变的理论解释，后来被物理学家称作"费米相互作用"。这一理论后来发展为弱相互作用理论。这种相互作用是自然界四种基本相互作用之一。直到费米去世后，"中微子"才被探测到，而他所提出的相互作用理论恰好能说明为什么这种粒子非常难以探测到。

1934年初，费米利用中子轰击方法，成功地诱导了22种元素产生放射。同年3月25日，他将这一发现发表在意大利的《科学研究》杂志上。在验证慢中子轰击的效果是不是更好时，费米推导出可以描述慢中子比快中子更容易俘获的扩散方程。这个方程后来被称作"费米寿命方程"。因"证明存在由中微子辐射诱导产生新的放射性元素，并发现慢中子引发的核反应"，费米荣获1938年诺贝尔物理学奖。

在参加诺奖颁奖后，费米携家人直接前往美国纽约，并申请了美国永久居留权。1941年，为进行钚相关研究，费米与研究团队一起，参与了在芝加哥大学新成立的冶金实验室。费米精心设计的首个核反应堆——芝加哥1号堆，于1942年11月6日开工，同年12月2日进行了核反应临界试验。这项工程成为人类能源探索史上一座重要的里程碑。1944年，费米加入罗伯特·奥本海默领导执行的Y计划，并被委任为实验室副主任，负责核物理及理论物理相关事宜。1945年，他被聘为芝加哥大学教授，开始研究核能的和平利用。

晚年，费米培养了一批优秀物理学家，其中包括李政道等人。在与杨振宁联合署名的一篇论文中，费米推测π介子可能是一种复合粒子，后来被日本物理学家坂田昌一发展为坂田模型。1954年，一代科学英才费米在芝加哥的家中因病去世，享年53岁。

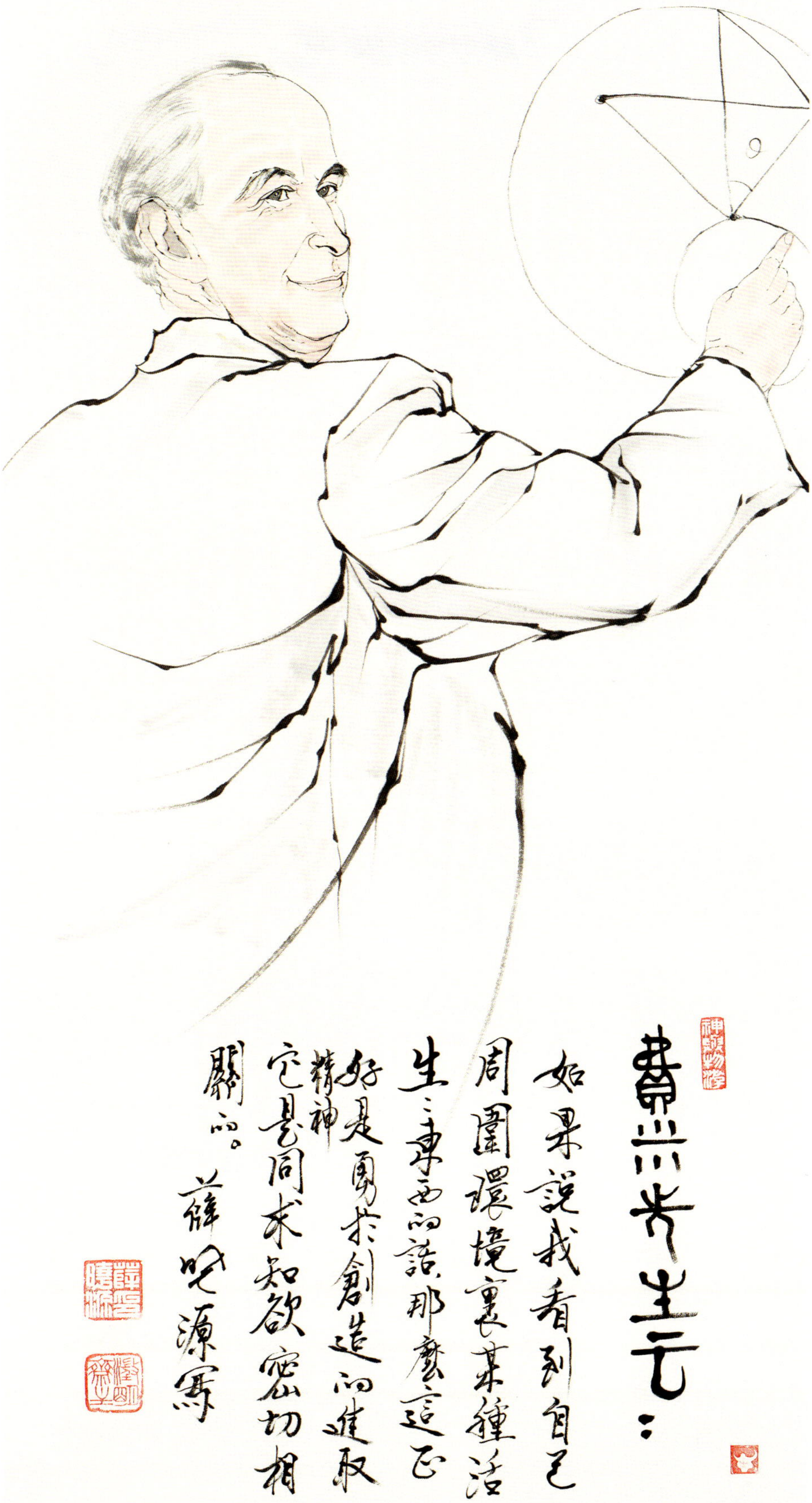

費米先生：

如果說我看到自己
周圍環境裏某種活
生生的東西的話，那麼這正
好是勇於創造、勇於進取
精神。它是同求知慾密切相
關的。

薛曉源寫

海森堡

维尔纳·海森堡（Werner Heisenberg，1901～1976），德国著名物理学家，量子力学创始人之一，"哥本哈根学派"代表性人物之一，因其在量子力学的创立中所起的作用，于1932年获得诺贝尔物理学奖。

海森堡出生于德国维尔茨堡，中学毕业后进入慕尼黑大学攻读物理。后转入哥廷根大学，师从物理学家马克斯·玻恩、詹姆斯·弗兰克和希尔伯特等。1923年在慕尼黑大学获得博士学位后，在哥廷根大学担任玻恩的助手，次年获得大学任教资格。

1925年前后，他与玻恩和约当创建矩阵力学（玻恩—海森堡—约当矩阵力学）。1927年，他发表了《量子理论运动学和力学的直观内容》一文，提出"不确定性原理"。同年，年仅26岁的他被任命为莱比锡大学教授。1941年，他担任柏林洪堡大学物理学教授和物理研究所主任。第二次世界大战结束后，他和其他德国物理学家作为囚犯，被美国军队送往英国农场庄园。1946年他重返德国，与同事共同建立了哥廷根物理研究所。1955年，他到慕尼黑大学担任物理学教授，该研究所随之迁往慕尼黑。

1932年至1933年间，海森堡为原子核物理学做出了重要贡献，主要是为基本粒子理论引入了内部对称量子数，发展了一种磁性理论，并和泡利一起，对量子场论做了开创性研究，与约翰·惠勒共同提出S矩阵理论。1940年代他还研究了宇宙射线及其产生的离子碎片，导致不久后在英国发现了第一个介子。从1953年起，他的理论工作偏向于基本粒子的统一场论。他认为，这是理解基本粒子物理学的关键。

海森堡一生获得许多荣誉。除诺贝尔物理学奖以外，还获得了马克斯·普朗克奖章、德国联邦十字勋章，并被布鲁塞尔大学、卡尔斯鲁厄大学和布达佩斯大学授予荣誉博士头衔。他是英国皇家学会成员，以及瑞典、罗马尼亚、挪威、西班牙、荷兰、美国等众多科学学会成员，德国科学院和意大利科学院院士。

海森堡是一位敢于创新的科学家。他曾说："在每一个崭新的认识阶段，我们永远应该以哥伦布为榜样，他勇于离开他已熟悉的世界，怀着近乎狂热的希望到大洋彼岸找到了新大陆。"

海森堡

海森堡云：现在无论是谁如果心没有相当丰富的当代物理学知识，就不能理解哲学。你要是不愿成为最落后的人，就应该马上去些学物理。薛晓源写

狄拉克

保罗·狄拉克（Paul Dirac，1902～1984），英国著名理论物理学家，量子力学的奠基者之一，以提出量子力学的基本方程之一——狄拉克方程而著称于世，并和薛定谔共同获得了1933年诺贝尔物理学奖。

狄拉克出生于英国布里斯托尔。从小他父亲让他学习法语，他没兴趣。在中学时他学习了一些技术课程，如瓦工、制鞋、金属制造等，对此他兴趣盎然。大学阶段，他进入布里斯托尔大学工程学院学习机电工程。大学毕业后，以奖学金方式进入剑桥大学，在拉尔夫·福勒教授指导下，开始接触原子理论。从此，他对玻尔的理论产生兴趣，并特别惊奇于玻尔"居然能将牛顿定律用在原子里的电子上"。

1925年，狄拉克发表了论文《量子力学的基本方程》。在次年获得博士学位后，他进入哥本哈根的玻尔研究所工作，此间，他发展出了涵盖波动力学与矩阵力学的广义理论。此外，他引入的"狄拉克 δ 函数"，以及将电磁场以光子处理或将场进行量子化的工作，引发了新的物理课题——量子场论，而二次量子化则成为量子电动力学的基础。

1928年，他提出了描述电子的相对性方程，这就是著名的狄拉克方程。由于这一方程同克莱因—戈登方程有相同的问题，即存在无法解释的负能量解，这促使狄拉克预测了电子存在自己的反粒子——正电子。根据他的诠释，正电子来自于填满电子的狄拉克之海。关于正电子的假说，1932年由卡尔森·安德森通过观察宇宙射线而得以证实。

1930年，狄拉克出版了《量子力学原理》一书，这是物理学史上的重要里程碑，至今仍是量子力学的经典教材。1933年他与薛定谔一起荣获诺贝尔物理学奖。薛定谔在次年对狄拉克方程重新诠释，把它当作所有的基本粒子的场方程，从而使狄拉克方程在理论物理学中，处于与麦克斯韦方程、杨—米尔斯规范场理论、爱因斯坦场方程同等核心的地位。

狄拉克坚信："自然的法则应该用优美的方程去描述。"也就是说，"一个物理定律必须具有数学美。"他教导人们，应该优先去寻找美丽的方程，不要去烦恼它的物理意义，而他正是实践这一信念的人。杨振宁曾高度称赞狄拉克的文章，称其为"秋水文章不染尘"，直达宇宙深处，直接揭示其奥秘。

狄拉克

應優先尋找
美麗的方程，
而不要去煩惱
其物理意義。
狄拉克如是說
薛明遠欣寫

冯·诺伊曼

约翰·冯·诺伊曼（John von Neumann，1903～1957），匈牙利裔美籍数学家、理论计算机科学与博弈论的奠基者。

冯·诺伊曼出生于布达佩斯一个富裕的犹太人家庭，6岁时即能用古希腊语与父亲闲谈，可心算8位数除法。8岁时他自学微积分，还喜欢阅读历史和社会方面的书籍，且几乎能过目不忘。

1926年，他在不满23岁时便获得布达佩斯大学数学博士学位，随后相继在柏林洪堡大学和汉堡大学担任数学讲师。1930年，27岁的他应邀到美国普林斯顿大学担任客座教授，次年成为该校终身教授。1933年，他转入普林斯顿高等研究院，与爱因斯坦等人成为该院最初的四位教授之一。

1954年，冯·诺伊曼担任了美国原子能委员会委员。同年夏天，他因右肩受伤，做手术时发现患有骨癌。1957年2月8日，冯·诺伊曼在华盛顿因癌细胞恶化逝世，年仅53岁。

在数学方面，冯·诺伊曼对集合论、遍历论、算子理论、测度论和几何学均有贡献。在量子力学方面，他认为量子理论是普遍有效的，不仅适用于微观粒子世界，也适用于现实的测量仪器。他把量子力学的最重要基础严谨地公式化，其编著的量子力学教科书《量子力学的数学基础》首次以数理分析方法，清晰地提出了波函数的两类演化过程。在计算机科学方面，他与赫尔曼·戈德斯坦等人联合发表的计算机史上著名的"101页报告"，成为现代计算机科学发展的里程碑式的文献，为电子计算机的逻辑结构设计奠定了基础，并成为计算机设计的基本原则。在经济学领域，1944年他与奥斯卡·摩根斯特恩合著的名作《博弈论与经济行为》，标志着现代系统博弈理论的初步形成，因此他被称为"博弈论之父"。

天才加勤奋，用在冯·诺伊曼身上恰如其分，这使他在短短的一生中发表了大约150篇论文。他最后的作品是在医院未完成的一部手稿，后来以书名《计算机与人脑》出版，表明了他生命最后时光的兴趣方向。

在冯·诺伊曼看来："人生是永不停息的博弈过程，博弈意味着通过选择合适策略达到合意结果。作为博弈者，最佳策略是最大限度地利用游戏规则；作为社会的最佳策略，是通过规则引导社会整体福利的增加。"

伽莫夫

乔治·伽莫夫（George Gamow，1904～1968），俄裔美籍著名物理学家、宇宙学家，热大爆炸宇宙学模型的创立者，也是最早提出遗传密码模型的人。

伽莫夫出生于今乌克兰的敖德萨。1922年进入新俄罗斯大学学习，不久转入列宁格勒大学攻读光学，师从著名宇宙学家亚历山大·弗里德曼，学习弗里德曼宇宙模型。1928年获得博士学位后，他先后前往德国哥廷根大学、丹麦哥本哈根大学玻尔研究所和英国剑桥大学卡文迪许实验室，师从玻尔和卢瑟福等从事研究。在哥廷根大学期间，他曾成功地将量子理论应用到原子核的研究上，合理地解释了 α 衰变。

1931年，他被召回苏联，被任命为列宁格勒科学院首席研究员，并在列宁格勒大学担任物理教授。1933年，他前往法国巴黎居里研究所从事研究，次年移居美国。先是在密歇根大学担任讲师，后被聘为华盛顿大学教授。此间，他主要从事宇宙学和天体物理学研究，发展了大爆炸宇宙模型，并且研究了在宇宙初始条件阶段化学元素如何起源的问题。1954年，他担任加州大学伯克利分校教授，两年后改任科罗拉多大学教授，并将研究中心转向分子生物学，提出了DNA分子的"遗传密码"。

综其一生，伽莫夫的主要科学贡献有以下几点：一是提出热大爆炸宇宙学模型。伽莫夫在1932年比利时宇宙学家乔治·勒梅特首次提出的宇宙大爆炸理论基础上，于20世纪40年代同其两个学生一起，将相对论引入宇宙学而提出了该模型。该模型认为，宇宙最初开始于高温高密的原始物质，温度超过几十亿度。随着宇宙膨胀，温度逐渐下降，形成了现在的星系等天体。他们还预言了宇宙微波背景辐射的存在。此预言在1964年，由美国无线电工程师阿诺·彭齐亚斯和罗伯特·威尔逊证实。

二是首位从密码学角度思考DNA的学者。沃森和克里克虽然在1953年最早提出了DNA双螺旋结构理论，但伽莫夫根据编码学概念，按照氨基酸出现在蛋白质中的频率进行分类，提出三个核酸一组为20个氨基酸编码的概念，由此形成了遗传密码学说。

此外，伽莫夫还是一位优秀的科普作家，被科普界尊为一代宗师。他一生出版了18部科普作品，最具代表性的著作是《物理世界奇遇记》和《从一到无穷大》。1956年，他荣获联合国教科文组织颁发的卡林伽科普奖。1968年他逝世于科罗拉多州，享年64岁。

帕莱夫

真实而数学时间，就其自身及本质而言，毫无疑问地均匀地流动，而不依赖于任何外界了物。俞治。伽莫夫如是说。薛晓源写

巴 丁

约翰·巴丁（John Bardeen，1908～1991），美国著名物理学家，因发明晶体管及其相关效应和超导的 BCS 理论，分别在 1956 年、1972 年两次获得诺贝尔物理学奖。

巴丁出生于威斯康星州麦迪逊市，父亲是威斯康星大学麦迪逊分校教授，母亲是中学老师。幼年时，他就显示出数学才能。15 岁高中毕业后，他进入威斯康星大学麦迪逊分校电机工程系，学习工程学。大学期间，他参加了所有感兴趣的数理方向的硕士研究生课程，还花费一年时间在芝加哥大学学习，结果导致他在麦迪逊分校延期一年毕业。在该校取得学士和硕士学位后，他在"匹兹堡大学海湾研究实验中心"参与地球磁场和重力场勘测方法的研究。但不久因对工作厌倦，于 1933 年前往普林斯顿大学读博士，在导师尤金·维格纳指导下研究固态物理，1936 年获得数学物理博士学位。

在明尼苏达大学等机构工作了几年后，1945 年 10 月，巴丁进入贝尔实验室，研究半导体及金属的导电机制、半导体表现性能等问题。1947 年，他和布拉顿发明了半导体三极管（双极性晶体管）。一个月后，肖克利发明了 P-N 结晶体管。因晶体管效应的发现，他们三人共同获得了 1956 年诺贝尔物理学奖。

1950 年代早期，巴丁开始考虑超导电性问题。1957 年，他和利昂·库珀、约翰·施里弗共同创立了 BCS 理论，对超导电性做出了合理的解释。因此，他们三人获得 1972 年诺贝尔物理学奖。由此，巴丁成为第一位，也是目前为止唯一两次获得诺贝尔物理学奖的人。

晚年，巴丁致力于研究如何用简单而基本的成分理解大自然非常复杂的性质，对整个近代理论物理学的发展提出明确的见解。1980 年，他发表题为《物质结构的概念统一》的总结性论文，强调相同的基本物理概念，可以广泛地用于表面上似乎悬殊的各个问题上，包括固体、液晶、核物质、高能粒子等领域。1991 年 1 月 30 日他因病逝世于家中。

中国科学院院士周光召曾说过："在科学史上，巴丁不像爱因斯坦那么有名，但我觉得他是真正的物理学家。"因为这位"梅开二度"的诺贝尔物理学奖得主在生活中低调到了一种境界：默默地做好自己的事情，为社会服务是他一生的追求。

陈省身

陈省身（1911～2004），祖籍浙江嘉兴，华裔美籍数学家，20世纪最伟大的几何学家之一，被誉为"整体微分几何之父"。

陈省身出生于浙江嘉兴秀水县，从小就喜爱数学。1926年他考入南开大学数学系，该系数学教授姜立夫对他影响甚大。1931年，他考入清华大学研究院，成为中国国内最早的数学研究生之一。

作为杨振宁父亲杨武之教授的学生，陈省身于1934年夏获得清华大学硕士学位，成为中国自己培养的第一名数学硕士。同年，他赴汉堡大学数学系留学。1935年10月，他完成博士论文《关于网的计算》和《2n维空间中n维流形三重网的不变理论》，在汉堡大学数学讨论会论文集上发表。1936年2月，他获得科学博士学位。因奖学金尚未用完，他便用这笔钱作差旅费转去法国巴黎，跟随埃利·嘉当研究微分几何。

1937年夏，他离开法国经美国回国，被聘为清华大学数学教授。1938年，因抗战随学校内迁云南昆明，任西南联合大学教授，讲授微分几何。1943～1945年，他应邀到美国普林斯顿高等研究院任研究员，此间他发表了两篇划时代的论文——《闭黎曼流形的高斯—博内公式的一个简单内蕴证明》和《埃尔米特流形的示性类》，这奠定了他在数学史的地位。

抗战胜利后，他回到上海并于1948年担任南京中央研究院数学研究所代理所长，后于1949年应普林斯顿高等研究院院长奥本海默邀请，举家迁往美国，并在芝加哥大学接替了欧内斯特·莱恩教授的职位。1960年，他又被聘为加州大学伯克利分校教授，直到1980年退休。其间，1961年，他被美国国家科学院推举为院士，并加入美国籍。1984年他被聘任南开大学数学研究所所长，任期到1992年。1992～2004年，他担任该所名誉所长。2004年12月3日他在天津因病逝世，享年93岁。

陈省身是20世纪重要的微分几何学家，他所完成的高斯—博内—陈定理和陈氏示性类理论，为大范围微分几何提供了不可缺少的工具。这些概念和工具，已远远超过微分几何与拓扑学的范围，成为整个现代数学中的重要组成部分，也成为理论物理的重要工具。杨振宁称陈省身为继欧拉、高斯、黎曼、嘉当之后又一里程碑式的人物。

陈省身

数学中没有诺贝尔奖,这也许是件好事。诺贝尔奖太引人注目,会使数学家无法专注于自己的研究。陈省身先生如是说。薛明源敬写于珠海

冯·布劳恩

韦恩赫尔·冯·布劳恩（Wernher von Braun，1912～1977），德国著名火箭专家，20世纪航天事业的先驱之一。

冯·布劳恩出生于普鲁士维日斯克一个贵族家庭，其父亲是魏玛共和国时期的德国农业大臣。1918年维日斯克划归波兰后，他随全家迁往德国，并寄居柏林。1925年，他进入魏玛近郊一所寄宿学校学习，在那里他读到了火箭先驱赫尔曼·奥伯特的著作《星际火箭》，从此开始对星际旅行着迷。1930年，他进入柏林工业大学，成为奥伯特的学生，参加了奥伯特创建的德国空间旅行学会，并很快成为董事会成员，协助奥伯特进行液体火箭测试。1932年，他大学毕业，同时还获得飞机驾驶执照，并被聘为瓦尔特·多恩伯格的主要助手。1934年，他以研究液体推进剂火箭发动机理论和实践的论文获得柏林洪堡大学物理学博士学位。

1939年3月，冯·布劳恩第一次见到希特勒。后者对现代技术和复杂的机器颇感兴趣。在他的支持下，冯·布劳恩研制V-2导弹的工作取得成功，因此被希特勒授予荣誉称号。1945年，冯·布劳恩向美军投降。他认为，在战争时期自己已为国家尽了义务，现在的新义务则是从德国崩溃的废墟上，把对人类将来征服宇宙空间的贡献拯救出来。

到达美国后，冯·布劳恩不顾有人质疑，旋即投入对月球进行载人探险的研究工作。针对有人提出的"我们为什么要搞人造卫星？""你们为什么要到月球上去？"等疑问，他坚持认为，技术越是进步，对人类的影响越是至关重大。

1957年，苏联发射了第一颗人造卫星，1958年，美国"探险者1号"卫星升入太空，所采用的"丘诺1号"运载火箭便是根据冯·布劳恩研制的木星-C火箭为基础所制造的。后来，他转入美国国家航空航天局，主研"土星5号"大型航天火箭。1969年7月，通过一系列努力，他研制的火箭终于使人类登上了月球，这是人类科学技术史上最伟大的成就之一。到20世纪70年代初，冯·布劳恩又以不懈的努力，促使阿波罗计划圆满成功。1972年7月，冯·布劳恩辞去公职，到一家私人公司工作，以实现促进各种卫星技术计划的发展——从野生动物保护，到污染和海洋的石油溢出，以及提高海洋学和生态学的研究水平。1977年，冯·布劳恩因大肠癌在弗吉尼亚州逝世，享年65岁。

图 灵

艾伦·图灵（Alan Turing，1912~1954），英国著名计算机科学家、数学家、逻辑学家、密码分析学家和理论生物学家，通常被誉为"计算机科学之父"与"人工智能之父"。

图灵出生于伦敦，从小就对数字和智力游戏着迷。19 岁时考入剑桥大学国王学院，以优异成绩毕业。1936 年他撰写的重要论文《论可计算数及其在判定问题上的应用》，对哥德尔的有关研究作了重新论述，用图灵机的简单形式设备代替了哥德尔的形式语言，证明了机器有能力解决数学难题。1938 年，他在博士论文中提出了超计算概念，在图灵机上加上了预言机，这让研究图灵机不可解的问题变得可能。1939 年，在英国军情六处监督下，他开始从事对纳粹德国机密军事密码的破译工作。两年后，由他领导的小组成功地破译了德国的密码系统，使得盟军至少提前两年战胜了轴心国。1949 年，作为曼彻斯特大学计算机实验室副主任，他负责编制最早的真正计算机——曼彻斯特 1 号的软件工作，并开始进行人工智能研究，提出一个叫作"图灵测试"的实验，并尝试制定一个判定机器是否有感觉的标准。此后，直到其逝世，他一直在做生物数学方面的研究。

图灵的一生颇为传奇。他不仅智力超群，富有数学天才，而且擅长长跑。他曾同著名哲学家维特根斯坦激烈争论，不赞成其贬低数学作用的观点，竭力为形式主义辩护。他曾参加英国皇家海军，在破译德军密码方面立下汗马功劳。但是，他因有同性恋倾向而遭到迫害，使他的职业生涯尽毁。直到 21 世纪才得到正式平反。1954 年 6 月 8 日，他用一个在剧毒氰化物溶液中浸泡过的苹果结束了自己的一生。一代天才以这种令人扼腕的方式告别人类社会，不禁让后人唏嘘不已。

图灵一生的贡献对信息时代的到来影响巨大，他在科学，特别是数理逻辑和计算机科学方面的成果，构成了现代计算机技术的基础。为纪念图灵对计算机科学的巨大贡献，美国计算机协会于 1966 年设立了图灵奖，以表彰在计算机科学中做出突出贡献的人，该奖项被认为是计算机科学世界的最高荣誉，其地位不亚于诺贝尔奖。

克里克

弗朗西斯·克里克（Francis Crick，1916～2004），英国著名生物学家、生物物理学家及神经科学家，因与詹姆斯·沃森共同发现了脱氧核糖核酸（DNA）的双螺旋结构而闻名于世。

克里克出生于英国北安普顿，其祖父是一位业余博物学家，曾撰写关于有孔虫的报告，并与达尔文互相讨论。在幼年时，他就被科学所吸引。14 岁后进入伦敦米尔希尔学校学习数学、物理与化学。17 岁时，他获得沃尔特·诺克斯化学奖。21 岁时，他获得了伦敦大学学院物理学士学位。后来，他成为剑桥大学冈维尔与凯斯学院博士研究生和荣誉理事，主要在卡文迪许实验室、医学研究理事会剑桥分子生物学实验室工作。

从 1947 年起，克里克开始学习生物，成为一位将研究重心从物理学转移到生物研究的科学家。他认为，学习物理的经验赋予他重要的观念，因为物理学已获得巨大成就，而其他科学应该也有可能得到很大进展，例如生物学。克里克认为这种态度鼓励他要比典型的生物学家更加大胆，倾向于关注艰巨的生物学问题。

克里克与医学研究理事会合作，同时在剑桥斯特兰奇韦斯实验室工作，进行细胞质物理特性研究。后来，他加入卡文迪许实验室，与马克斯·佩鲁茨、约翰·肯德鲁一起研究。卡文迪许实验室当时与伦敦大学国王学院竞争，伦敦大学国王学院生物物理学系的约翰·兰德尔拒绝克里克在国王学院工作，但克里克和国王学院的威尔金斯成为朋友，这影响到其后来的科学活动，就像克里克和詹姆斯·沃森之间的亲密友谊一样。

克里克最重要的成就是 1953 年在剑桥大学卡文迪许实验室与詹姆斯·沃森共同发现了 DNA 的双螺旋结构，二人也因此与莫里斯·威尔金斯共同获得了 1962 年诺贝尔生理学或医学奖，获奖原因是"发现核酸的分子结构及其对生物中信息传递的重要性"。

1977 年，克里克离开剑桥，加入美国的索尔克生物研究所，研究重心由分子生物学，转向人类神经科学与大脑意识的研究。

2004 年，克里克因大肠癌病逝于美国。

普里高津

伊利亚·普里高津（Ilya Prigogine，1917～2003），比利时物理化学家，布鲁塞尔学派的首领，以研究非平衡态的不可逆过程热力学和提出"耗散结构"理论而闻名于世，并因此荣获 1977 年诺贝尔化学奖，是非平衡态统计物理与耗散结构理论的奠基人。

1917 年 1 月 25 日，普里高津出生于莫斯科，1921 年随家人旅居德国，1929 年定居比利时，1949 年加入比利时国籍。1934 年，17 岁的普里高津进入布鲁塞尔自由大学，攻读化学和物理，1939 年获理科硕士学位，1941 年获博士学位。1947 年，年仅 30 岁的他开始担任该校理学院教授。1959 年他担任索尔维国际理化研究所所长。1967 年起兼任美国得克萨斯大学奥斯汀分校的统计力学和热力学研究中心主任。1953 年他当选为比利时皇家科学院院士，1967 年当选为美国国家科学院外籍院士。

长期以来，普里高津一直在从事关于不可逆过程热力学（也称非平衡态热力学）的研究。早在 1945 年，他就提出了最小熵产生定理，该定理是线性不可逆热力学理论的主要基石之一。在 20 世纪 60 年代，他与同事们一起提出了适用于不可逆过程整个范围的一般发展判据，并发展了非线性不可逆过程热力学的稳定性理论，提出了耗散结构理论，这为人类认识自然界中（特别是生命体系中）发生的各种自组织现象开辟了一条新路。耗散结构理论在自然科学及社会科学的许多领域有极其重要的用途，为此他荣获了 1977 年诺贝尔化学奖。

除此以外，普里高津在物理化学、理论物理学的其他方面，如化学热力学、溶液理论、非平衡统计力学等，也有重大的贡献。其主要著作有《化学热力学》《不可逆过程热力学导论》《非平衡统计力学》和《非平衡系统中的自组织》等。

普里高津在科学研究上的最重要贡献，无疑是他及其团队 20 多年从事非平衡热力学和非平衡统计物理学研究的成果——耗散结构理论。可以说，这一理论对整个自然科学以至社会科学和哲学的重大影响是划时代的。这主要表现在，普里高津及其同事准确地抓住了化学反应和生物学演化周期等自发出现有序结构的本质，创造性地提出了"自组织"的概念，并且用该概念来描述那些自发出现或形成有序结构的过程，从而在"存在"和"演化"的两种科学或两种文化之间构架了一座科学的桥梁。

费 曼

理查德·费曼（Richard Feynman，1918～1988），美国著名理论物理学家，以对量子力学的路径积分表述、量子电动力学、过冷液氦的超流性以及粒子物理学中的部分子模型的研究而闻名于世。因对量子电动力学的贡献，他于1965年与朱利安·施温格及朝永振一郎共同获得诺贝尔物理学奖。

费曼出生于美国纽约一个犹太家庭，父亲是他的科学启蒙老师。在中学时代，他即对微积分感兴趣，又自学了伍兹为大学二三年级编写的《高等微积分》，对其老师巴德给他介绍的科学中的"最小作用量原理"颇为青睐和推崇，同时对各种电路公式中为什么会经常出现圆周率 π 极为好奇。在哥伦比亚大学读书时，因不满"犹太配额"，他转学到麻省理工学院。除学习物理外，他还广泛涉猎化学和冶金学课程。在参加普林斯顿大学研究生入学考试时，他的数学和物理学获得满分。在导师约翰·惠勒指导下，他在普林斯顿大学获得硕士和博士学位，主研量子力学。此间，他参与了美军制造原子弹的曼哈顿计划。因此，他结识了玻尔、费米和爱德华·泰勒等著名科学家。原子弹首次试爆时，他是第一个用肉眼观察全过程的人。虽然当时他很开心，但事后他开始警觉到发明原子弹的严重后果，并为此终生烦恼不已。

费曼发展了得到广泛应用的亚原子粒子行为的图像化数学表述——费曼图。他在世时即是世界上最有名的科学家之一。1999年，在英国学术期刊《物理世界》举办的130位世界顶尖物理学家参与的票选活动中，费曼跻身十大有史以来最伟大物理学家之列。1988年，在与癌症搏斗十年后，费曼在洛杉矶逝世，享年70岁。

他还热心参与物理学普及事业，为此写过大量书籍并举办讲座。这其中包括于1959年做的有关自上而下的纳米技术的讲座《底部有的是地方》以及三卷本的本科物理学讲义——《费曼物理学讲义》。他还因自己的半自传《别闹了，费曼先生！》和《你在意其他人想什么》、拉尔夫·赖顿的《去图瓦还是被捕》以及詹姆斯·格雷克的传记《天才：理查德·费曼的一生与科学事业》而在公众中颇有名气。

费曼以惊人的物理直觉而闻名，经常教导学生去欣赏这个世界的美妙。他认为，养成独创精神和自由探索精神，比科学本身的价值更大。

威尔逊

爱德华·威尔逊（Edward O. Wilson，1929～2021），美国著名博物学家、昆虫学家、演化生物学家、社会生物学家，1996年他被《时代》杂志评为对当代美国影响最大的25位美国人之一。

威尔逊出生于美国亚拉巴马州伯明翰，从小就酷爱博物学，立志长大后成为鸟类学家。博物学家的种子早已埋在其幼小的心灵之中。不幸的是，在一次钓鱼事故中，他右眼受伤变残，考虑到一只眼会严重影响野外观察鸟类活动的效果，便决定改学昆虫学。因为即使只有左眼一只好眼，也不会太影响他在显微镜下观察昆虫形态。

1949年他毕业于亚拉巴马大学，随后到哈佛大学继续深造，1955年获哈佛大学生物学博士学位，同年开始在哈佛大学执教。他的博士论文是研究蚁类的社会行为，不久，他成为全世界这一研究领域的顶尖学者。

使威尔逊成名的著作是他撰写的《社会生物学：新的综合》一书。这本书的问世，不仅标志着社会生物学这门崭新学科的诞生，而且还引发了一场20世纪最重要的学术争议。哈佛大学遗传学家理查德·莱万廷与古生物学家斯蒂芬·古尔德，联络另外15人共同署名，在《纽约书评》发表一封公开信，题目为"反对《社会生物学》"。其中，他们指责威尔逊有种族和阶级偏见，说他是在为资产阶级、白人种族以及男性的特权寻找遗传上的正当性。为此，威尔逊在《纽约书评》上也发表了一封公开信予以反驳。

尽管上述争议在当时学术界闹得沸沸扬扬，但威尔逊在学术界的崇高地位并未受到真正的影响。他是美国国家科学院院士，曾荣获美国总统卡特颁发的美国国家科学奖章，也曾荣获瑞典皇家科学院的克拉福德奖。

作为博物学家，威尔逊用演化论把基因、化学和文化贯通起来，丰富了自称博物学家的达尔文的工作，被人誉为"当代达尔文"。美国科学史家保罗·法伯称从林奈到威尔逊形成了一种博物学传统，威尔逊的理论则成为当今世界博物学的旗帜。博物学在生命研究中扮演主角已达两个多世纪，其重要性还会持续。在自然科学，特别是与生物多样性保护、生态学、环境科学有关的科学中，博物学传统仍大有用武之地。

人類渴望尋求經驗而完整與豐富，但是當這些索求迷失在煩亂的日常生息表之中，我們便會往他要尋求⋯⋯為了要填補這份真空你發現了人類的天性：擁抱大自然，愛護地球，威爾遜

壬寅，薛旭源敬寫

盖尔曼

默里·盖尔曼（Murray Gell-Mann，1929～2019），美国著名物理学家，因成功建立对基本粒子的系统分类，以及对基本粒子相互作用的新发现而闻名于世。他通晓的学科极广，被人誉为百科全书式的学者，也是20世纪后期学术界少见的通才。

盖尔曼出生于曼哈顿一个犹太家庭。受父亲影响，7岁时他就自学了微积分，展露出非同寻常的数学天赋。他在耶鲁大学取得物理学学士学位之后，因未能如愿前往普林斯顿等常春藤高校继续学习，便十分不情愿地去了当时他极为看不起的麻省理工学院，为此他曾有过自杀的念头。在著名物理学家维克托·魏斯科普夫教授指导下，他在这所学校获得了博士学位。此后，他便前往普林斯顿高等研究院工作，随后又几经辗转来到加州理工学院任教。1967年，他成为加州理工学院密立根理论物理学教授，主要从事粒子物理学研究。

十分有趣的是，盖尔曼参考佛教术语"八圣道分"，在1961年别出心裁地把物理学上的强子分类方案称为"八重道"。1964年，他与乔治·茨威格分别独立地提出了夸克理论。现在他的"八重道"方案已可由夸克模型给出合理的解释。1969年，因在基本粒子的分类及相互作用方面的贡献，他荣获了当年的诺贝尔物理学奖。

1972年，盖尔曼同哈拉尔德·弗里奇引入了新的守恒量子数，取名为"颜色荷"。随后，他又同汉里奇·劳意特维勒一起，提出新术语"量子色动力学"。夸克理论遂成为量子色动力学的组成部分。

晚年，他积极参加圣菲研究所的集资筹办和研究工作，主要研究课题是复杂性问题。2019年他与世长辞，享年90岁。

除物理研究外，盖尔曼还喜欢观察鸟类和收藏古董。他熟悉古代文化和民俗传说，能用13种语言与人交流。有一次他甚至还当面纠正杨振宁说的汉语。他曾与费曼争执谁是加州理工学院最聪明的人，这一争论后来成为美国科学界的佳话。年轻时他曾因去麻省理工学院而考虑是否自杀，但因为自杀和去麻省理工学院读书这两件事的先后顺序不满足交换律，于是他便选择先去读书，以后再决定还要不要自杀。由此，他给科学界留下了"去麻省理工学院读书与自杀不可交换顺序"的典故。

盖尔曼像

盖尔曼云：
研究那些法则是对表
现千差万别的自然界
的热爱不可分割的。自然界
基本法则的美，正如粒子和
宇宙的研究所揭示的，在我
看来是与跳到纯净的端
典湖泊中的野鸭的柔软姿
相关的。 薛宏源写

图书在版编目(CIP)数据

大科学家:世界100位著名科学家画传/薛晓源绘;杨富斌著.—北京:商务印书馆,2023
ISBN 978-7-100-22156-6

Ⅰ.①大… Ⅱ.①薛…②杨… Ⅲ.①科学家—传记—世界—画册 Ⅳ.①K816.1-64

中国国家版本馆CIP数据核字(2023)第053050号

权利保留,侵权必究。

大科学家
——世界100位著名科学家画传
薛晓源 绘
杨富斌 著

商 务 印 书 馆 出 版
(北京王府井大街36号 邮政编码100710)
商 务 印 书 馆 发 行
北京雅昌艺术印刷有限公司印刷
ISBN 978-7-100-22156-6

2023年6月第1版　　开本889×1194　1/16
2023年6月北京第1次印刷　印张15¾
定价:148.00元